Heike Wendler

Der Kater auf der Orgelbank

Heike Wendler

Der Kater auf der Orgelbank

und andere Katzengeschichten

benno

Bildnachweis:
Vignetten: © Algol / Fotolia
S. 15: © Zacarias Pereira da Mata / shutterstock
S. 23: © yuriy_german / Fotolia
S. 34: © Nadezhda Bolotina / Fotolia
S. 43: © Jeff Oien / Fotolia
S. 55: © S_E / Fotolia
S. 63: © Stephane Riess / Fotolia
S. 75: © Andreja Donko / shutterstock

Der Text „Franscesca, die Papstkatze" stammt aus dem gleichnamigen Buch von Heike Wendler, erschienen im St.-Benno-Verlag.

Bibliografische Information der Deutschen Nationalbibliothek
Die Deutsche Nationalbibliothek verzeichnet diese Publikation in der Deutschen Nationalbibliografie; detaillierte bibliografische Daten sind im Internet über http://dnb.d-nb.de abrufbar.

ISBN 978-3-7462-4159-3

Umschlaggestaltung: Ulrike Vetter, Leipzig
Umschlagfoto: © netbritish/shutterstock
Gesamtherstellung: Kontext, Lemsel (A)

Inhalt

Der Wolf von Gubbio

Als Lehrerin einer katholischen Grundschule betreute ich eine zweite Klasse, und es war ein herrlich sonniger Montag am Anfang des Schuljahres, als ich gleich in der ersten Stunde die Neuigkeit verkündete: „Beim Schulfest werden wir dieses Jahr ein Theaterstück aufführen! Ihr könnt alle mitmachen und Schauspieler sein."

Vor Begeisterung hielt es meine Schüler kaum noch auf ihren Plätzen.

„Das ist so cool!", tönte Mario, ein frecher sommersprossiger Blondschopf, den ich auch nach über einem Jahr kaum von seinem Zwillingsbruder Dario unterscheiden konnte. Selbst wenn ihre Mutter freundlicherweise darauf verzichtete, die beiden Buben gleich anzuziehen, so hatten die Jungs es längst durchschaut, wie ähnlich sie einander sahen und welche Späße sich damit treiben ließen.

„Also, wenn wir uns alle wieder setzen, überlegen wir uns die Rollenverteilung und den Probenplan!", verkündete ich. „Ihr wisst ja", hob ich an, „dass dieses Schulfest etwas ganz Besonderes ist, nicht wahr?"

Zwanzig Augenpaare hielten mich fixiert und die Köpfe nickten eifrig.

„Unser diesjähriges Schulfest steht ganz im Zeichen unseres Namenspatrons. Einer von euch kann mir doch sicher seinen Namen verraten, nicht wahr?", blieb ich beim Frage-Antwort-Spiel.

„Franz von Assisi!", riefen mindestens zehn Kinder

gleichzeitig, während die restlichen die Hände nach oben schnellen ließen.
„Richtig!“, sagte ich. „Und unsere Schule heißt?“, fragte ich weiter.
„Sankt Franziskus“, riefen sie wieder durcheinander.
„Der Reihe nach!“, ermahnte ich sie. „Und immer schön melden und warten, bis ich jemanden aufrufe, ja?“
Sie nickten, was bei Kindern in dem Alter allerdings nicht viel zu bedeuten hatte.
„Die Antwort ist natürlich richtig!“, bestätigte ich ihnen. „Das Schulfest findet jedes Jahr am Gedenktag des heiligen Franziskus statt. Kann mir jemand sagen, wann genau das ist?“
Nun reckten sich nur noch wenige Hände nach oben, ich rief Mario auf.
„Am 4. Oktober!“, kam es wie aus der Pistole geschossen. „Und der Papst heißt auch Franziskus und mit zweitem Vornamen heißt er genau wie ich!“, setzte Mario noch stolz nach, auch wenn das inzwischen allen hinlänglich bekannt war. Doch Mario verkündete diese Tatsache nur zu gerne. „Jorge Mario Bergoglio!“
„Ja, richtig!“, gab ich zu und verkniff mir ein Schmunzeln. Mario war schon seit dem ersten Schultag stolz auf seinen Namen gewesen, und er ließ keine Gelegenheit verstreichen, alle darauf hinzuweisen, dass der Papst so hieß wie er selbst.
„Unser Schulfest findet am Gedenktag des heiligen Franz von Assisi statt, also an dem Tag, an dem er gestorben ist. Und um diesen Gedenktag auch würdig zu feiern, lassen wir uns immer etwas ganz Besonderes einfallen. In diesem Jahr wollen wir die Legende vom Wolf aufführen!“,

fuhr ich fort. „Diese Geschichte erzählt, wie der heilige Franziskus mit Menschen und Tieren umgegangen ist. Und da ihr ja Tiere auch liebt, macht euch das Theaterstück sicher großen Spaß."

Begeistertes Nicken folgte meinen Ausführungen. „So, und nun sollten wir darüber sprechen, wer welche Rolle übernehmen kann!", schlug ich vor.

Ein Theaterstück, und sei es wie in unserem Fall auch nur eine kleine Aufführung, mit einer zweiten Klasse einzustudieren, war schon eine besondere Herausforderung. Auch wenn sie schon gut lesen konnte, so war ihr Konzentrationsvermögen immer noch begrenzt. Ebenso ihre Geduld, aber das lag eben am Alter. Zum Glück gab es nicht viel Text zu lernen, ich hatte mich auf die wesentlichen Bestandteile der Legende beschränkt, die da besagte, dass der heilige Franz zu den Bewohnern eines kleinen Dorfes namens Gubbio gerufen wurde, die ein Problem mit einem wilden Wolf hatten. Der Wolf bedrohte sie und ihr Vieh und die Menschen wussten sich nicht zu helfen. Franz von Assisi kam also nach Gubbio und trat dem Wolf, der mit offenem Maul auf ihn zurannte, furchtlos entgegen. Er machte das Zeichen des Kreuzes über dem Tier und verkündete, dass er zwischen dem Tier, Bruder Wolf, und den Bewohnern von Gubbio Frieden herbeiführen wolle. Er belehrte den Wolf über seine Untaten, und der Wolf versprach ihm feierlich, die Menschen von Gubbio nicht länger zu bedrohen. Im Gegenzug verpflichteten sich diese, den Wolf regelmäßig zu füttern.

Ich erzählte den Kindern also die Geschichte und schloss damit, dass wir nun festlegen mussten, wer die Rolle des heiligen Franz von Assisi übernehmen sollte.

„Vorschläge?", fragte ich in die Klasse. Nun wurde heftig getuschelt.

„Ich will das machen!", meldete sich Mario ziemlich forsch.

„Aber warum muss es denn ein Junge sein?", nörgelte die kleine Sabina hinter ihm.

„Weil Franz von Assisi ein Mann war!", belehrte sie Dario. „Und den kann kein Mädchen spielen!"

„Und warum nicht?", fragte nun auch Ruth. „Es gibt ja keine anderen weiblichen Rollen!", beschwerte sie sich.

Ein Dilemma, das wirklich schwer zu lösen war.

„Du kannst doch die Frau vom Dorfvorsteher spielen!", schlug Dario versöhnlich vor.

„Die sagt aber nichts!", maulte Ruth weiter. „Ich will auch was sagen dürfen!"

„Damals hatten Frauen und Mädchen eben nicht so viel zu sagen wie heute!", stellte Dario klar. Sehr zu Ruths und Sabinas Verdruss.

„Dann sag doch, dass du Angst vor dem Wolf hast!", schlug Michael vor. Er saß direkt neben Ruth und war eher ein Stiller. Nach dem das Für und Wider noch eine Weile diskutiert wurde, einigten wir uns schließlich, Mario die ersehnte Rolle zuzugestehen unter der Prämisse, dass die Mädchen auch zu Wort kamen. Dario erklärte sich schließlich bereit, den Wolf zu spielen, denn einen bösen Charakter wollte niemand freiwillig übernehmen.

„Dann bin ich ja der Böse!", murrte er zwar, wurde aber von seinem Bruder mit den Worten „Ja, aber du wirst ja bekehrt!" getröstet. Und ich freute mich bereits darauf, dass ich bei der Aufführung die beiden Jungs mal nicht verwechseln konnte. Denn dass sich Mario seine Rolle streitig machen lassen würde, glaubte ich keine Sekunde.

Am Abend telefonierte ich die Mütter ab, die mir bei der Herstellung der Kostüme ihre Hilfe angeboten hatten. Nur zwei Wochen Zeit fürs Nähen war wirklich nicht viel, meine Hochachtung war den fleißigen Müttern jedenfalls sicher, denn nähen konnte ich nicht besonders gut. Als die Kinder die Kostüme dann jedoch das erste Mal sahen, waren sie nicht wirklich begeistert.

„Das sieht ja aus wie ein Kartoffelsack!", beschwerte sich Mario. „Dabei war der Vater von Franz von Assisi doch ein reicher Tuchhändler!"

„Ja, aber von dem hat er sich ja losgesagt und sogar seine Kleider abgelegt, weil er lieber in Armut leben wollte. Ohne schöne Kleider oder anderen Besitz. Wie Jesus eben, schon vergessen?", kicherte Ruth und ich konnte ein kleines bisschen Schadenfreude aus ihrer Stimme heraushören.

Außer für den heiligen Franz von Assisi gab es noch ein weiteres, sehr spezielles Kostüm für den Wolf, der ja auch als solcher zu erkennen sein sollte. Ich hatte einen alten Kunstfellmantel geopfert, der zumindest wuschelig und grau war, und wir hatten für das Gesicht eine Art Maske gebastelt. Mit einer Wolfsschnauze und Ohren, Dario sah wirklich drollig darin aus. Die Kulissen durften die Kinder ebenfalls mitgestalten, und sie malten eine mittelalterliche Stadtkulisse auf große Sperrholzplatten.

Dann war es endlich so weit: Der Tag der Aufführung war gekommen. Am Morgen in der ersten Stunde stellte ich jedoch mit Entsetzen fest, dass einer fehlte. Nur ob es Mario oder Dario war, konnte ich dabei nicht einmal auf den zweiten Blick sagen.

„Mein Bruder ist nur ein bisschen krank, aber heute Nachmittag ist er wieder topfit!", beharrte Mario. „Und in seinem Wolfskostüm sieht man auch seine rote Schnupfennase nicht! Er macht das schon, ganz bestimmt!"

Er klang absolut überzeugend, trotzdem meldete meine innere Stimme Alarm und eine Mischung aus Sorge um die Aufführung, Hoffnung, dass alles gut werden würde, und einem Anflug von schlechtem Gewissen stieg in mir auf. Denn ein krankes Kind gehörte eindeutig ins Bett und nicht auf eine Bühne!

„Aber er hat sich doch so auf die Rolle gefreut, Sie dürfen sie ihm jetzt nicht wegnehmen!", kämpfte Mario für seinen Bruder. Und da auch kein anderes Kind sich um die Rolle des bösen Wolfes riss, gab ich nach, nicht ahnend, was ich damit auslöste.

Als es dann so weit war, war ich mindestens genauso aufgeregt wie meine Schüler und deren Eltern, die die ersten Reihen des Zuschauerraumes schon lange vor Beginn der Vorstellung in Beschlag genommen hatten. Die Aufführung fand in unserer Aula statt, einem hübschen, stuckverzierten Festsaal im obersten Stockwerk unseres Schulgebäudes. Ich half den Kindern beim Umziehen, denn einige von ihnen hatten sehr mit den ungewohnten Kostümen zu kämpfen. Dann, eine Viertelstunde vor Beginn der Aufführung, fiel mir auf, dass ich unseren Wolf noch nirgends gesehen hatte. Das ungute Gefühl in meinem Magen verstärkte sich unweigerlich. Hoffentlich, betete ich, war der Junge nicht wirklich ernsthaft krank!

„Tut mir leid, aber Dario hat über neununddreißig Fieber, der schafft es doch nicht!", beichtete mir zehn unendlich lange Minuten später Mario. „Mama denkt, ich habe Ihnen das heute früh schon gesagt, damit Sie Ersatz finden können!“

Mir blieb vor Entsetzen fast das Herz sehen! Eine Wolfslegende ohne Wolf – damit hatte sich unsere Aufführung praktisch erledigt. Mein Blick suchte hektisch den Probenraum ab. Nein, da war kein einziges Kind mehr, das nicht schon in einem Kostüm steckte.

„Verflixt Mario, was habt ihr euch nur dabei gedacht?“, entfuhr es mir, während ich in Gedanken hektisch alle Alternativen in Betracht zog. Was sollte ich denn jetzt noch tun? Da draußen saßen sämtliche Eltern sowie alle Lehrer im Publikum und warteten darauf, dass sich der Vorhang in weniger als fünf Minuten hob und mir fehlte eine der Hauptfiguren!

„Aber ich habe Ersatz mitgebracht!“, hörte ich Mario sagen. Ersatz? Mein Herz schlug unweigerlich schneller.

„Einverstanden!“, sagte ich, zugegeben etwas vorschnell. Denn als mir Mario seinen Ersatz präsentierte, wusste ich nicht, ob ich lachen oder weinen sollte.

„Du hast eure Katze mitgebracht?“, entfuhr es mir. Der Stubentiger, immerhin grau-weiß-gescheckt, den er plötzlich aus der Tasche zog, fauchte mich wenig erfreut an. Wäre ich eine Katze, hätte ich vermutlich zurückgefaucht, aber ich war Grundschullehrerin und irgendjemand rief im Hintergrund gerade etwas von einer Minute.

„Dario hat mit ihm den ganzen Tag geübt!“, erklärte mir Mario. „Er wird mitspielen, ganz bestimmt! Außerdem sieht es doch so viel echter aus, auch wenn Rocco kein Wolf ist! Nur das Kostüm wird ihm wohl nicht passen!“

„Das wird er wohl gar nicht erst probieren wollen!“, stellte ich sarkastisch fest.

„Wer von euch will einspringen?", fragte ich in den Raum und bekam die erwartete Antwort.

„Rocco!", rief Sabina kichernd zurück. „Wir sind nämlich schon angezogen. Außerdem ist der Wolf doch eine männliche Rolle!"

Die Zeit für längere Diskussionen reichte nun wirklich nicht mehr, also gab ich in Gottes Namen grünes Licht. Was blieb mir auch sonst übrig? Selbst den Wolf spielen? Diesen absonderlichen Gedanken verwarf ich ganz schnell wieder, denn wenn es etwas gab, das ich noch weniger mochte als Nähen, so waren es öffentliche Auftritte. Insbesondere solche, bei denen ich mich lächerlich machte. Dafür war ich sogar bereit, Rocco die Bühne zu überlassen.

Als Erstes betraten meine hübsch bezopften Dorfbewohnerinnen die Bühne und jammerten und klagten über den bösen Wolf, vor dem sie sich fürchteten, dann folgten die Bauern und der Dorfvorsteher. Allerdings kicherten einige Mädchen ungeniert, vermutlich weil sie wussten, was das Publikum noch nicht mal ahnte, nämlich wer unseren Wolf mimen würde. Sie hatten wirklich Mühe, sich zu beherrschen, und ich war froh, dass wir die Legende ein wenig ausgestaltet hatten, zumindest soweit das möglich war, damit möglichst doch alle ein paar Worte sagen konnten. In dem Alter rissen sie sich noch um die Rollen, und ich wollte schon, dass sie unsere Schulaufführung in besonders guter Erinnerung behielten. Erst nach einigem Rufen des Dorfvorstehers betrat Mario als Franz von Assisi die Bühne. Er ließ sich vom Dorfvorsteher und dessen Frau das Problem schildern, und dann sollte eigentlich der Wolf auf der Bühne auftauchen. Doch das tat er erst einmal nicht. Wie die Spannung im Publikum wuchs, spürte ich fast körperlich. Mario rief nach dem Wolf, sprich seinem Kater, und als der endlich erschien, brandete lautstarker Beifall auf. Genau das Falsche für einen verschreckten Hauskater, denn dieser dachte nicht daran, sich an das Konzept zu halten, egal wie sehr Dario vielleicht mit ihm geübt hatte. Nachdem er eine Weile nach allen Richtungen gefaucht hatte, die ersten Gäste im Publikum sich vor Lachen bereits bogen, begann er durchaus zärtlich um ein paar Mädchen herumzuschleichen, drückte sich verschmust an ihre Beine und bettelte offenkundig um Streicheleinheiten! Nichts ließ bei dem Anblick den Gedanken an einen bösen Wolf aufkommen, und so zogen sich meine kleinen Dorfbewohnerinnen unsicher kichernd immer weiter zurück, was Roccos Stimmung kippen ließ. Denn plötzlich wendete er sich in Richtung Publikum, und als Mario auf ihn zukam, um das Kreuzzeichen zu schlagen, machte Rocco einen Satz und landete mitten in der ersten Reihe. Dort, auf dem Schoß einer überraschten jungen Frau, blieb er jedoch nicht sitzen. Er miaute herzerweichend, machte einen weiteren Satz in die zweite Reihe, während unser heiliger Franz von Assisi sich nun seinerseits aufmachte, den Wolf, sprich seinen Kater, einzufangen. Immer, wenn er ihn fast erwischt hatte, schlängelte sich dieser jedoch zwischen den Stuhlreihen hindurch und entwischte wieder. Doch Mario gab nicht auf, eine regelrechte Katzenjagd entspann sich, an der sich nach anfänglichem Zögern dann auch die gesamte Dorfbevölkerung von Gubbio beteiligte. Mit dem Schlachtruf: „Fangt den Wolf!", eilten sie unter Führung ihres Dorfvorstehers Michael dem heiligen Franz von As-

sisi zu Hilfe. Und das Publikum tat sein Bestes, um zu helfen, die meisten dachten wohl, es gehöre zum Konzept, dass der Wolf von einer Katze dargestellt und das Publikum in die Aufführung mit einbezogen wurde. Eine jedoch dachte das garantiert nicht, und zwar die Mutter der Zwillinge, die fassungslos auf ihrem Stuhl saß.

Nach ungefähr einer Viertelstunde war es Michael gelungen, Rocco einzufangen, und während ihn die Frau des Dorfvorstehers mit festem Griff auf dem Arm hielt, kam der heilige Franz von Assisi auch dazu, den Wolf über seine Untaten zu belehren und das Kreuzzeichen zu schlagen. Und der Dorfvorsteher gelobte lächelnd und feierlich, den frechen Wolf bis an sein Lebensende mit Leberwurstzipfeln zu verwöhnen, was in dem aufbrausenden Applaus des begeisterten Publikums jedoch fast unterging.

„Also, eine derartig interaktive Aufführung hat es ja noch nie gegeben!", freute sich hinterher unser Direktor und gratulierte meinen Schülern zu ihrem gelungenen Theaterstück. Alle waren glücklich und zufrieden mit unserem Auftritt, selbst Mario und Darios Mutter konnte am Ende darüber lachen.

Ein Helfer in der Not

Vor über zehn Jahren kauften mein Mann und ich uns ein Haus in einem schönen Vorort. Die Gegend war perfekt, grün und idyllisch, wenngleich auch etwas abgelegen. Nach anfänglichem Zögern entschieden wir uns vor fünf Jahren, einen kleinen Kater aufzunehmen. Und bei unserem Stromer war der Name von Anfang an Programm: Tagsüber machte er gern die Gegend um unser Haus herum unsicher und freundete sich in Windeseile mit der kompletten Nachbarschaft an. Jedoch war er morgens und abends pflichtschuldig zur Stelle, wenn ich meinen Weg zur Straßenbahnhaltestelle antrat, von wo ich zum Krankenhaus fuhr, wo ich als Hebamme arbeitete. Auch wenn mein Mann mir seit Jahren in den Ohren lag, endlich den Führerschein zu machen, liebte ich den gut halbstündigen Fußmarsch hinein in die Zivilisation, wie ich es nannte. Und unser Stromer liebte es auch, zumindest vermittelte er mir diesen Eindruck.

Über welche besonderen Wahrnehmungen Katzen verfügten, überraschte mich immer wieder. Stromer zum Beispiel hasste Unpünktlichkeit, denn wenn ich insbesondere morgens einen Tick zu spät dran war, dann saß er bereits mauzend vor der Tür. Trödelte ich im Bad herum, kam er mir auffordernd entgegen und mir schien es beinahe, als wolle er mir den Weg zur Tür weisen.

„Wenn Stromer dich nicht bringen würde, müsste ich mir glatt Sorgen machen, vor allem, wenn es dunkel ist!“, sagte mein Mann Herbert manchmal. Stromer fühlte sich jedoch nicht nur für meine persönliche Sicherheit zuständig, er sorgte sich ganz offensichtlich auch um sein Zuhause. Und er tat auch alles, damit es mir auffiel, denn während ich noch nach Mantel, Jacke oder Schuhen suchte, inspizierte er bereits das Haus, ganz so, als wollte er sichergehen, dass auch wirklich alles in Ordnung war. Wenn seiner Meinung nach etwas nicht stimmte, dann wurde er richtig seltsam. Einmal wollte er sich partout nicht überzeugen lassen, morgens mit mir loszumarschieren. Er setzte sich konsequenterweise immer vor die Tür, sodass ich über ihn drübersteigen musste, um das Haus zu verlassen. Und als ich das versuchte, die Zeit im Nacken versteht sich, denn so eine Straßenbahn wartete ja schließlich nicht extra auf mich, fuhr er sogar die Krallen aus! Es war klar: Ich sollte nicht weg, also brachte mich Stromer auf diese Art dazu, das komplette Haus zu kontrollieren. Und richtig, auf dem Küchentisch stand noch das Bügeleisen, angeschaltet und ohne feuerfeste Unterlage. An die Katastrophe, die das hätte auslösen können, wollte ich lieber gar nicht denken. Ein anderes Mal, das war erst letzten Sommer, machte Stromer vor meiner Spätschicht ein Riesentheater, als ich wegmusste. Im Ergebnis fand ich die Balkontür im ersten Stock nur angelehnt vor, mein Mann muss sie wohl nach dem Lüften nicht richtig verschlossen haben, und das, obwohl draußen gerade ein heftiges Gewitter aufzog. Stromer ließ mich erst aus dem Haus, nachdem ich die Tür geschlossen hatte. Nach drei Regentropfen machte er aber wieder kehrt, denn so weit ging seine Liebe zu mir doch nicht, dass er ein nasses Fell riskierte. Aber Starkregen war auch wirklich das Einzige, was ihn davon abhielt, mich zu begleiten.

Es war ein wunderschöner Dienstagmorgen, draußen

zwitscherten die Vögel, als ich in den Frühdienst starten wollte. Es war Sommer und damit längst hell. Herbert war bereits aus dem Haus, und ich war gerade dabei, meine Strickjacke anzuziehen, als ich bemerkte, dass Stromer unruhig wurde. Seufzend legte ich die Jacke wieder beiseite und sah mich im Haus um. Doch alle Fenster und Türen waren geschlossen und es lief kein Elektrogerät, das nicht hätte laufen sollen.

„Alles gut, Stromer, los, lass uns gehen!", sprach ich meinem Kater Mut zu. Er miaute jedoch kläglich, stupste mich ans Bein und verschwand dann blitzschnell durch seine Katzenklappe. Leicht irritiert schüttelte ich den Kopf, zog meine Strickjacke über und verließ das Haus in der sicheren Erwartung, dass Stromer draußen bereits warten würde. Doch nein, falsch gedacht, von Stromer fehlte jede Spur. Nun wurde ich wirklich nervös.

„Stromer?", rief ich. Zugegeben, nicht besonders laut, aber ich konnte um diese frühe Stunde ja schlecht herumschreien, also blieb ich leise und hoffte, dass der freche Bursche mich trotzdem hören würde. Ich rief eine ganze Weile nach ihm, dann entschied ich, dass ich losmusste. Auch wenn mir nicht ganz wohl bei der Sache war.

Als er nach weiteren fünf Minuten immer noch nicht wieder aufgetaucht war, machte ich mich mit einem mulmigen Gefühl im Bauch auf den Weg. Weit kam ich jedoch nicht, denn kaum hatte ich die Buchsbaumhecke unserer Nachbarn erreicht, sprang Stromer mit einem Satz aus dieser heraus und baute sich mauzend vor mir auf. Okay, dachte ich, es stimmt also etwas nicht. Aber was? Ich blieb stehen und beobachtete ihn, doch so schnell, wie er aus der Hecke gesprungen kam, so schnell verschwand

er wieder darin, nur um wenig später, ich stand immer noch kopfschüttelnd und wie festgewachsen an der gleichen Stelle, wieder vor mir aufzutauchen. Er wiederholte das Spielchen noch ein paarmal, bis mir beim Blick über die Hecke auffiel, dass im Nachbarhaus die Tür offen stand. War das Stromers Problem? Eine offen stehende Haustür? Seufzend und die Bahn innerlich abhakend öffnete ich die Gartentür, die genau wie unsere lediglich durch einen Riegel, den man von außen erreichen konnte, verschlossen war. Dann folgte ich meinem Kater zur Eingangstür. Die jungen Leute, die hier erst vor einem Jahr eingezogen waren, bekam ich nicht häufig zu Gesicht, schließlich war ich, anders als mein Kater, nicht den ganzen Tag daheim. Trotzdem hatte ich mitbekommen, dass die junge Frau Bachmann in anderen Umständen war. Nun hörte ich sie stöhnen, kaum hatte ich das Haus betreten! Das klang gar nicht gut, und das musste wohl auch Stromer denken, denn sein Fell stellte sich prompt auf.
„Nun mach doch endlich was!", hörte ich sie nach einer kurzen Atempause stöhnen. Offenbar meinte sie damit ihren Ehemann, den ich allerdings nirgends sehen konnte. Auf jeden Fall klang die Situation so ernst, dass ich nicht einfach weggehen konnte.
„Hallo? Brauchen Sie Hilfe?", rief ich deshalb nach oben. So richtig hinein traute ich mich nicht. Schließlich war die Situation ja wirklich schon recht merkwürdig. Stromer indes legte nicht so viel Scheu an den Tag, offenbar hatte er sich wieder gefangen und huschte nun fix die Treppe hinauf. Mittendrin stoppte er plötzlich, sah sich um und mauzte mir auffordernd zu. Zumindest deutete ich es als Aufforderung, ihm zu folgen.
„Ja, hier oben!", hörte ich Frau Bachmann rufen.

Das war nun wirklich eindeutig, schnell lief ich Stromer nach und fand ein wirklich bizarres Bild vor: Frau Bachmann lag zusammengekrümmt auf dem Fußboden des Schlafzimmers, während ihr Mann kreidebleich an der Wand lehnte und ganz offensichtlich unter Schock stand. Zudem zitterte er wie Espenlaub.
„Bitte, die Fruchtblase ist geplatzt, mein Mann soll mich endlich ins Krankenhaus fahren!“
Sie hielt sich tapfer, wenngleich aus ihrem Blick schiere Verzweiflung sprach. Stromer tigerte indes um die Beine des werdenden Vaters herum, vielleicht hoffte er, ihn auf die Art zu beruhigen, jedoch klappte das nicht.
„Herr Bachmann, jetzt reißen Sie sich zusammen!“, fuhr ich ihn an, als freundliches Bitten nicht mehr half. Das hatte seine Frau sicher schon eine ganze Weile versucht, denn auf meine dringende Nachfrage hin, seit wann sie denn Wehen hatte, antwortete sie nur: „Ich hab nicht auf die Uhr gesehen, aber es war noch stockdunkel draußen!“
Nun war es jedenfalls schon hell, schließlich war Sommer. Das hieß aber auch, dass die arme Frau sich schon eine ganze Weile allein abmühte, was – und das sagte mir meine Erfahrung als Hebamme – nun wirklich nicht gut war und höchstens die Angst förderte.
„Keine Bange, ich bin da und ich weiß, was zu tun ist!“, beruhigte ich sie und griff schon fast automatisch nach meinem Mobiltelefon. Damit war der Krankenwagen schnell verständigt. Dann lagerte ich meine Nachbarin erst einmal in einer bequemeren Position.
„Was wird es denn?“, fragte ich sie, schon um sie irgendwie zu beschäftigen.
„Keine Ahnung, er oder sie wollte nicht, dass wir es vorher

erfahren!“, flüsterte sie. „Sie sind Hebamme, stimmt's? Das hat mir Ihr Mann mal erzählt. Und die halbe Nachbarschaft natürlich, ich bin schließlich schon seit über sechs Wochen daheim. Ihr Kater hat mir jeden Tag Gesellschaft geleistet, so ein wunderbares Tier, so lieb und zutraulich. Und so verschmust!“ Sie warf Stromer einen liebevollen Blick zu. „Nun ist der Geburtstermin aber schon seit drei Tagen überschritten und seitdem hat Cornelius kein Auge mehr zugetan, kein Wunder, dass er völlig durch den Wind ist.“

„Ich muss einen Krankenwagen rufen!“, meldete sich der nun endlich wie aufs Stichwort. „Das ist bereits erledigt. Holen Sie lieber die Tasche Ihrer Frau, ja? Und dann schauen wir mal, ob sie aufstehen kann!“

Er schien mich verstanden zu haben, denn er nickte, rannte dann aber immer noch völlig kopflos an mir vorbei und kam prompt mit der Handtasche seiner Frau wieder. Selbst Stromer guckte ihn merkwürdig an.

„Ich meine die Tasche, die Ihre Frau fürs Krankenhaus gepackt hat. Die mit dem Waschzeug, dem Nachthemd und den ersten Babysachen, wissen Sie?“

Er nickte eifrig, doch ich sah ihm an der Nasenspitze an, dass er keinen blassen Schimmer hatte, was ich von ihm wollte.

„Ich kann Ihnen helfen!“, stotterte er dabei immer wieder, rannte weiter durchs Haus und brachte allerlei Kram an, von dem er wohl mal irgendwo gehört hatte, dass man ihn bei Geburten gebrauchen konnte: eine Riesenschüssel heißes Wasser zum Beispiel, unzählige weiße Handtücher und jede Menge Zellstoff. Ich versuchte gar nicht erst, ihm zu erklären, dass ich nicht vorhatte, sein Baby

hier zu entbinden und dass seine Frau auch noch lange nicht so weit war. Stattdessen dankte ich ihm freundlich, lobte ihn sogar noch dafür und mit jedem Ding, das er mir anschleppte, wurde er einen Tick ruhiger.

„Er freut sich so, seit Monaten schon. Und er ist so furchtbar aufgeregt!", flüsterte mir seine Frau zu. Trotz der Wehen schien sie ihm sein Verhalten wenigstens nicht übel zu nehmen, sie hatte echt Humor. Aus meiner Praxis war ich da ganz anderes gewohnt.

„Der Krankenwagen ist gleich da, wollen wir es mal mit Aufstehen versuchen?", fragte ich sie, gab das Vorhaben jedoch bei der nächsten Wehe auf. Das sollten die Sanitäter lieber doch mit der Trage übernehmen. Nicht, dass wir die Treppe noch herunterpurzelten.

„Es wird alles gut werden!", versicherte ich ihr, hielt ihr die Hand und entlockte ihr ihre ganze Lebensgeschichte. Ich vergaß dabei fast, dass ich mich auf dem Schlafzimmerfußboden des Nachbarhauses befand und nicht im Kreißsaal unseres Krankenhauses.

Dann hörte ich den Krankenwagen mit Sirene angebraust kommen. Zum Glück hatte ich die Tür unten offen gelassen und ein Blick aus dem Fenster sagte mir, dass Herr Bachmann inzwischen auf die Straße gerannt war.

Der Rest war ein Kinderspiel – ich übergab meine Patientin, die mir von der Trage aus noch zuflüsterte, wo ich ihre Tasche finden würde, dem Notarzt und machte mich mit Stromer im Schlepptau auf den Weg zur Straßenbahnhaltestelle.

Dass ich an diesem Tag zu spät zum Dienst erschien, lag auf der Hand. Aber unter diesen Umständen hatte auch jeder Verständnis dafür. Abends, nach dem Dienst, empfing mich Stromer dann wie gewohnt an der Straßenbahnhaltestelle. Doch dieses Mal war er nicht allein gekommen, denn mit ihm zusammen wartete noch ein älteres Paar auf mich.

„Frau Hildebrandt?“, fragte die rundliche Dame schüchtern.

„Ja, ich bin Sybilla Hildebrand“, stellte ich mich vor. „Kennen wir uns?“

„Nein, entschuldigen Sie den Überfall, aber unser Sohn schickt uns. Er meinte, wir bräuchten nur dem Kater folgen, der holt sie jeden Tag ab. Cornelius wäre ja gern selber gekommen, um sich bei Ihnen zu bedanken, dass Sie heute Morgen so spontan eingesprungen sind, als er gar nicht wusste, was er machen sollte!“

So langsam dämmerte es mir nun, wer die beiden waren!

„Ist alles gut gegangen?“, erkundigte ich mich.

„Ja, alles bestens!“, meldete sich der stolze Großvater zu Wort. „Wir haben eine kleine Magdalena bekommen! Sie ist das süßeste Baby, das man sich vorstellen kann! Bildhübsch und kerngesund!“

„Ja, dank Ihnen!“, sagte nun seine Frau und zauberte einen kleinen Blumenstrauß aus ihrer Tasche. „Einen größeren bekommen Sie von Cornelius später. Aber es war ihm ein dringendes Bedürfnis, dass Sie so schnell wie möglich Bescheid bekommen. Und dass der Kater eine ganze Palette Leckerlis bekommt, war ihm auch wichtig. Die haben wir jedoch lieber bei Ihnen in die Auffahrt gestellt!“

Ich war wirklich gerührt, bedankte mich artig und wünschte ihnen alles erdenklich Gute. Als Stromer und ich nach Hause kamen, stand tatsächlich ein Riesenposten Katzenleckerbissen vor der Tür. Und ich wunderte mich einmal mehr über den siebenten Sinn meines Katers.

Eine Katze kommt selten allein

Es war ein ganz gewöhnlicher Mittwochmorgen, draußen war es noch stockfinster, als mir merkwürdige Geräusche auffielen. Ich lag noch im Bett, mein Mann André war schon aus dem Haus. Als Schichtleiter eines Logistiklagers arbeitete er in Wechselschicht, diese Woche begann seine Arbeitszeit bereits um fünf Uhr morgens. Unruhig drehte ich mich von einer Seite auf die andere, trotzdem hörte ich dieses seltsame Tippeln und Tappeln. Ich wälzte mich also weiter hin und her und war regelrecht froh, als mein Wecker mich um sechs Uhr dreißig nötigte aufzustehen. Mit einem Satz sprang ich aus dem Bett, etwas, das ich sonst nie tue, und stürzte unter die Dusche. Als ich später, erfrischt und gut gelaunt, Richtung Kinderzimmer marschierte, hörte ich das Getappel wieder.

„Paul?", weckte ich meinen neunjährigen Sohn, der mich verschlafen und auf den ersten Blick noch sehr müde ansah. Birgit, seine Schwester, konnte heute länger schlafen, und da ich nun wirklich nicht auf noch mehr Stress am frühen Morgen scharf war, ließ ich sie auch tunlichst in Ruhe.

„Komm, Schatz, aufstehen!", bat ich und ließ nicht eher locker, bis Paul zumindest auf der Bettkante hockte. Plötzlich raschelte etwas.

„Hast du das auch gehört?", fragte ich meinen Sohn. Paul schüttelte vehement den Kopf, was mich eigentlich hätte sofort stutzig machen sollen, schon weil es nicht zu seinem verschlafenen Gesicht passte. Tat es aber nicht, und da ich bereits den ganzen Morgen Gespenster zu hören glaubte, ging ich dem Geräusch auch nicht weiter nach.

„Nach der Schule wird Birgit dir etwas zu essen machen und dann nach deinen Hausaufgaben sehen!“, erklärte ich meinem Sohn, als ich glaubte, er wäre einigermaßen aufnahmefähig. Normalerweise betreute Frau Kleidermann unseren Paul, schon weil ich als Religionslehrerin meist länger Unterricht hatte als mein Sohn und er mit neun einfach noch zu klein war, um allein daheim zu bleiben. Ein wirklich tolles Betreuungsangebot hatte seine Schule leider nicht zu bieten, sodass er selbst vorgeschlagen hatte, bei Frau Kleidermann zu warten, bis sein Papa oder ich nach Hause kam. Frau Kleidermann war inzwischen zwar auch schon etwas über achtzig, aber im Kopf topfit. Früher einmal hatte sie als Archäologin Ausgrabungen geleitet, irgendwo im Orient, davon wusste sie noch heute interessante Geschichten zu berichten. Eines der größten Projekte ihrer beruflichen Laufbahn war die Übersetzung einer Hieroglyphenwand im Tempel von Bubastis in Ägypten, was möglicherweise ihre Liebe zu Katzen erklärte, war diese Stadt im Pharaonenreich schließlich für die Verehrung der Katzengöttin berühmt. Elisabeth Kleidermann selbst hielt auch Katzen, gleich mehrere, die alle so merkwürdige Namen trugen, dass ich sie mir nicht merken konnte. Doch seit ein paar Tagen lag die gute Frau im Krankenhaus, denn sie hatte sich beim Sturz vom Stuhl, auf den sie geklettert war, um eine Glühbirne ihrer Küchenlampe auszutauschen, böse verletzt. Seitdem stand ihre Familie Kopf, denn sie wohnten alle nicht in der Nähe. Erst gestern hatte ich ihre Tochter getroffen, inzwischen auch schon weit über fünfzig, die mir erzählte, dass sie die Mutter am liebsten zu sich ins Haus nehmen wollten, dass diese sich aber nach Kräften dagegen wehrte.

„Birgit ist blöd!", murrte mein Sohn mit vollem Mund.

Da war es wieder – dieses Getappel!

„Das musst du doch gehört haben!", fuhr ich Paul an. Der schüttelte jedoch nur den Kopf und guckte mich vorwurfsvoll an. „Du hörst mir gar nicht zu!", warf er mir dagegen vor. Was nicht stimmte. Ich wusste nur nicht, wie ich gegen so viel geballte geschwisterliche Abneigung vorgehen sollte. Dass mein Sohn und meine Tochter einander momentan nicht besonders grün waren, lag auf der Hand, immerhin steckte Birgit mit ihren dreizehn Jahren mitten in der Pubertät. Ein neunjähriger Bruder war da so was von oberuncool, dass es schon zu viel verlangt war, überhaupt mit ihm zu reden. Eigentlich wartete ich nun schon darauf, dass mein Sohn fortfuhr, gegen Birgit zu stänkern, doch das ließ er tatsächlich bleiben. Stattdessen verlangte er: „Ich will, dass Frau Kleidermann zurückkommt!", und hörte sich plötzlich wieder wie ein Fünfjähriger an.

„Aber Schatz, ich habe es dir doch erklärt. Frau Kleidermann ist böse gefallen, und es steht noch gar nicht fest, dass sie wieder nach Hause kommt. Und wenn sie wiederkommt, dann wird sie vielleicht gar nicht mehr in der Lage sein, auf dich aufzupassen!"

„Sie muss gar nicht aufpassen, nur zu Hause sein und Geschichten erzählen!", stellte mein Sohn seine Mindestforderungen auf. Es war müßig, ihm zu erklären, dass das Leben leider kein Wunschkonzert war. Außerdem konnte ich bei aller Not und persönlicher Betrof-

fenheit auch die Tochter verstehen. Sie sorgte sich um ihre Mutter, klar, dass sie sie in der Nähe haben wollte.
„Du, sag mal, du musst das doch hören!", unterbrach ich Pauls Erklärungen, warum er meinte, Birgit müsse gar nicht mehr auf ihn aufpassen. „Das hört sich doch an, als ob hier jemand herumtippelt. Ein Tier oder ein kleines Kind oder so!"
„Aber Mama, die Bauers über uns haben keine Kinder!", klärte mich mein Sohn auf. Als ob ich das nicht selber wüsste! Da es schon einigermaßen spät war, ich hatte wohl doch zu lange meinen Gedanken nachgehangen, mussten wir uns nun beeilen. Jedenfalls kam ich nicht mehr dazu, die Wohnung abzusuchen. Trotzdem ließ mich das komische Geräusch sowie das unbestimmte Gefühl, da wäre irgendwas gewesen, den ganzen Tag über nicht los.
„Du, wir hatten mal Mäuse!", erzählte mir in der Pause eine Kollegin. „Das hat sich auch ganz komisch angehört. Vielleicht musst du ein paar Köder auslegen oder Mausefallen aufstellen?"
Allein der Gedanke an krabbelige Vierbeiner, die ungesehen unter meinen Möbeln hindurchhuschten, verursachte mir Gänsehaut. Und als mir dann unser Hausmeister auch noch zu Rattengift riet und mir von einem Waschbären berichtete, der es sich auf dem Dachboden seines Hauses gemütlich gemacht hatte, gingen bei mir sämtliche Alarmglocken an. Als ich heimkam, schien auf den ersten Blick alles in Ordnung. Dass mein Sohn nicht zu Hause war, dafür aber Birgit vor dem Computer saß und angeblich Hausaufgaben machte, nahm ich lediglich am Rande zur Kenntnis. Ich

sah mich zunächst in ihrem Zimmer um, was auf wenig Gegenliebe stieß.
„Ich mache Hausaufgaben, Mama, du störst!“, erklärte sie mir ernsthaft.
„Auf Facebook? Seit wann das denn?“, feuerte ich zurück. Demonstrativ schaltete sie den Bildschirm aus und schaute mich auffordern an.
„Was suchst du eigentlich?“, fragte sie.
„Hast du diese Geräusche denn heute Nacht nicht gehört?“, fragte ich sie direkt. Doch Birgit schüttelte nur den Kopf. Also gab ich an dieser Stelle auf.
Pauls Abwesenheit nutzte ich natürlich, um sein Zimmer auf den Kopf zu stellen, fand bis auf ein paar Tüten Katzenfutter jedoch nichts, was da nicht hingehört hätte.
„Das ist bestimmt für Amenophis oder wie sein Lieblingskater heißt!“, unkte Birgit, die mein Tun mehr als skeptisch beäugte.
„Sagst du nicht immer, dass wir einander vertrauen und uns gegenseitig glauben müssen?“, hielt sie mir vor. „Und dann durchsuchst du Pauls Zimmer, wenn er nicht da ist? Das hat ja wohl mit Vertrauen wirklich nichts zu tun, oder? Dabei sind wir deine Kinder, Paul und ich! Blut ist dicker als Wasser, sagst du immer!“
Wenn ich je daran gezweifelt hatte, ob meine Tochter mir erziehungstechnisch jemals zugehört hatte, so bekam ich nun den Beweis dafür. Genüsslich rieb sie mir meine eigenen Erziehungsregeln unter die Nase und breitete die Tatsache, dass ich ja offenkundig ohne das Wissen meines Sohnes dessen Sachen durchwühlte, in aller Länge, Breite und Ausführlichkeit aus. Ich fühlte mich fast schon wie ein

Schwerverbrecher, was meinen Mann, der natürlich auch nichts gehört hatte und dem ich mein Herz ausschüttete, eher erheiterte.

„Sieh es positiv, die Kinder hören dir zu!", erinnerte er mich an das Wesentliche. „Außerdem, findest du es nicht wunderbar, dass sich Birgit so schützend vor ihren Bruder stellt?"

Während mein Mann das noch länger wunderbar fand, schrillten bei mir sämtliche Alarmglocken. Erst diese Geräusche, nun das seltsame Verhalten meiner Kinder, die auf einmal wie Pech und Schwefel zusammenhielten. Wann hatte das eigentlich angefangen?

Paul schnappte ich mir, als er nach Hause kam. Von der Zimmerdurchsuchung sagte ich natürlich kein Wort, verlangte jedoch eine Erklärung für das gefundene Katzenfutter. Und die lieferte er mir auch prompt.

„Amenophis liebt Thunfisch!", erklärte er mir unumwunden. „Tetischerit und Cleopatra auch. Nefertiti futtert aber am liebsten Pute. Und Thotmosis und Nofretete füttert immer Josef, deshalb weiß ich nicht, was die am liebsten mögen!"

Dagegen war eigentlich nicht viel zu sagen, deshalb gab ich mich mit der Erklärung zufrieden. Bedauerlicherweise. Denn das Getrappel ging weiter und gipfelte dann gegen Mitternacht in einem Besuch von Frau Bauer, die mir vorwarf, die seltsamen Geräusche, die sie auch hörte, kämen aus meiner Wohnung!

„Vielleicht sollten Sie Ihren Sohnemann mal ins Kreuzverhör nehmen, den habe ich doch gestern erst mit den Katzen von Frau Kleidermann gesehen! Wer weiß, vielleicht hat er Mäuse angeschafft, um sie zu füttern!"

„Das wüsste ich aber!", wiegelte ich ab. Inzwischen war ich hundemüde, mein Mann lag längst schnarchend im Bett, was allein die Identifikation diverser Detailgeräusche schwierig machte. Ich ging ins Bett, wo ich mich bis zum Morgengrauen unruhig von einer Seite auf die andere drehte. Es war schon fast fünf Uhr, als ich es nicht mehr aushielt und aufstand. Draußen stolperte ich über etwas, das ich nicht sofort identifizieren konnte. Entsetzt schrie ich auf, was sofort meine Kinder auf den Plan rief.

„Cleopatra, los, komm wieder her!", hörte ich Birgit rufen. Das Etwas zwischen meinen Beinen verschwand im Zimmer meiner Tochter, während mein Herz raste. Ich brauchte ein paar Minuten, um mich zu sammeln, dann stellte ich meine Tochter zur Rede. Dass ich Paul in ihrem Zimmer vorfand, wunderte mich nun kaum noch.

„Wir mussten die Katzen doch evakuieren!", behauptete Birgit, als sie mir erklärte, warum in unserer Wohnung seit zwei Tagen vier Katzen lebten. „Die Tochter von Frau Kleidermann hat Frau Bauer gesagt, dass die Katzen ins Tierheim müssen, wenn Frau Kleidermann zu ihr zieht. Weil ihr Mann doch eine Katzenhaarallergie hat. Und allein in ihrer Wohnung bleiben, geht auch noch nicht, und selbst wenn, kann sie die Katzen dort auch nicht mehr allein versorgen! Doch im Tierheim trennt man die sechs doch!"

Danach hielt Birgit noch eine flammende Rede über Tierschutz, der sogar in der Aufzählung einiger Psalmen und Bibelstellen gipfelte, in denen von Gottes guter Schöpfung und Tieren die Rede war. Ihre Religionslehrerin wäre jedenfalls sehr stolz auf sie gewesen, wenn sie das nur mal zur passenden Zeit gelernt hätte!

„Na, du kannst sagen was du willst, aber die haben sich echt gut vorbereitet!", stellte mein Mann verschlafen fest,

der nun auch wach war. Eine der Katzen nahm ihn sofort ins Visier und schlich um seine Beine.
„Egal wie kuschlig sie sind, hierbleiben können sie nicht. Und es ist mir auch egal, was für Vorträge ihr eurer Mutter haltet. Lasst euch was anderes einfallen!"
Damit ging mein Mann wieder ins Bett. Wohlwissend, dass mich die Kinder längst um den Finger gewickelt hatten. Mein Mitgefühl mit Mensch und Tier war legendär, natürlich würde ich nicht zulassen, dass man die Katzen trennte. Schon gar nicht, solange Frau Kleidermann auch nur ansatzweise für sie sorgen konnte.

Wild entschlossen und zugegebenermaßen reichlich müde machte ich mich am nächsten Morgen auf ins Krankenhaus. Nun wollte ich, bevor ich weitere Entscheidungen traf – denn dass ich meinen Kindern bei der Lösung ihres Problems helfen würde, war klar –, erst einmal persönlich nach Frau Kleidermann sehen. Und traf eine, recht muntere, wenn auch etwas angeschlagene Patientin an, die das Kommando über die Schwestern längst an sich gerissen hatte.
„Ich weiß doch, dass Adelheid gern möchte, dass ich zu ihr ziehe. Aber ihr allergiegeplagter Mann und meine Katzen sind wirklich keine gute Kombination. Wir überlegen nun, einen Pflegedienst für einige Zeit zu beschäftigen. Aber ich werde mich wohl oder übel an den Gedanken gewöhnen müssen, bald nicht mehr all meine Lieblinge um mich zu haben!" Der letzte Satz war fast ein Flüstern und die Tränen in ihren Augen brachen mir fast das Herz.
„Nein, nein, so weit wird es nicht kommen!", versprach ich ihr. Dann berichtete ich, was Paul und Birgit, offenbar gemeinsam mit ihrem Freund Josef, ausgetüftelt hatten. „Sie

müssen die Katzen irgendwie abgefangen haben, als die draußen rumgestromert sind. Durch die Katzenklappe können sie ja rein und raus, wie sie mögen!", kicherte Frau Kleidermann. Plötzlich wirkte sie wieder um Jahre jünger.
„Ich bin sicher, die Kinder helfen Ihnen gern mit den Katzen, besorgen das Futter, übernehmen auch die Fütterung und natürlich das Saubermachen der Katzenklos", versprach ich Frau Kleidermann. Die wusste gar nicht, was sie vor Überraschung sagen sollte.
„Also, mit so viel Hilfsbereitschaft hätte ich ja nie gerechnet!", sagte sie gerührt. „Dann könnte ich ja in meiner Wohnung bleiben und irgendwann sind meine alten Knochen auch wieder verheilt!"
„Ich bespreche alles mit Ihrer Tochter!", versprach ich ihr, bevor ich mich verabschiedete.

Und natürlich hielt ich Wort. Zunächst gewährte ich den Katzen bei uns Asyl, was meine Kinder mit einer gewissen Genugtuung zur Kenntnis nahmen.
„Du kannst nicht immer nur von Nächstenliebe reden, wir müssen sie auch praktizieren!", tönte meine Tochter sogar. Also griff ich den Faden gleich auf und stellte meine Bedingungen, auf die Paul und Birgit sogar freiwillig und ohne weitere Verhandlungen eingingen.
Frau Kleidermann kam jedenfalls ein paar Tage später aus der Klinik. Seitdem schaut einmal am Tag eine Pflegekraft bei ihr vorbei. Mittags bringt die Caritas das Mittagessen, und nach der Schule sausen Birgit, Paul und sein Freund Josef zu ihr, um Hausaufgaben zu machen und die Katzen zu versorgen. Inzwischen gehört Frau Kleidermann schon fast zur Familie. Und ihre Katzen natürlich auch.

Kletterpartie mit Folgen

Es war ein warmer Donnerstagabend, als ich von einem Vortrag nach Hause kam. Ich fuhr den Wagen in die Auffahrt, warf mir mein Jackett über und pfiff fröhlich vor mich hin. Die Vorlesung, die ich über die Geschichte Israels eben vor meinen Studenten gehalten hatte, war genauso verlaufen, wie ich es erhofft hatte. Unwillkürlich musste ich grinsen. Studenten blieben eben Studenten, das hatte sich in den zwanzig Jahren, in denen ich nun schon Vorlesungen hielt, nicht geändert. Erst schwatzten sie und taten so, als wüssten sie bereits alles, doch waren sie erst einmal von der Materie gefangen, konnte man im Saal eine Stecknadel fallen hören. Mir als Theologieprofessor trauten sie meist nicht zu, dass ich sie schon bald in meinen Bann ziehen würde, vielleicht weil ich mit meiner nicht gerade stattlichen Körpergröße von gerade einmal einhundertachtundsechzig Zentimetern, der sich mein Bauchumfang in fast schon erschreckendem Maße langsam, aber scheinbar unaufhaltsam annäherte, nicht den Eindruck eines großen Abenteurers vermittelte. Dabei hatte ich bis vor zehn Jahren Ausgrabungen geleitet; die letzte, quasi unter militärischer Bewachung, mitten im schönen Staat Israel. Dabei hatten wir ein antikes Kirchengebäude erforscht. Für viele Theologen wäre so etwas ein Traum. Und wir hatten auch ein paar hübsche Ergebnisse zutage gefördert, ganz zu schweigen von den unzähligen Geschichten, die ich erlebt hatte. Von skurril bis gefährlich war alles dabei, und ich genieße es jedes

Mal, ein paar Anekdoten in meine Vorträge einzubauen. Wenn ich beispielsweise von der Klagemauer berichtete, der Atmosphäre, damals während der ersten Intifada, als man, egal ob als Israeli oder Ausländer, seines Lebens in Jerusalem nicht mehr sicher sein konnte, hörte selbst der schwatzhafteste Student gebannt zu. Zugegeben, ich hatte immer Glück gehabt, wie meine Frau es gern nannte. Ich selbst hatte da meine eigene Meinung dazu. Ohne das nötige Gottvertrauen, so meine Überzeugung, sollte man diesen Beruf ohnehin nicht wählen. Und für mich war es immer mehr Berufung als Beruf gewesen.

Noch ganz in Gedanken schlenderte ich auf unser Haus zu, was ruhig und verlassen inmitten unseres schönen Gartens lag. Seit Markus, unser inzwischen dreiundzwanzigjähriger Sohn, in die Stadt zum Studieren gezogen war, lebte ich mit meiner Frau Margot allein hier. Ohne Markus und die Reibereien, die sich aus dem Zusammenleben mit einem an Theologie nur mäßig interessierten, dafür aber sehr computeraffinen jungen Mann ergaben, war der Alltag schon erheblich langweiliger geworden, gestand ich mir ein. Markus studierte Kommunikations- und Computerwissenschaften, ein geisteswissenschaftliches Studium wäre mir natürlich lieber gewesen, aber ebenso wie meine Eltern mir die Betriebswirtschaft nicht hatten schmackhaft machen können, war ich mit meinem Ansinnen bei Markus gescheitert. Inzwischen hatte ich mich allerdings an den Gedanken gewöhnt, dass mir mein Sohn vielleicht nicht jeden Psalm erklären, dafür aber jederzeit die neuesten Errungenschaften der modernen Kommunikationstechnik erklären konnte. Immerhin, Margot gefiel es, sie nutzte auch unsere von Markus eingerichtete Computerausrüstung im Haus wesentlich öfter als ich und konnte nicht nur ihr Smartphone einwandfrei bedienen, sondern wusste sogar, was sich hinter dem Geheimnis unseres Netzwerks verbarg, etwas, was ich wohl nie verstehen würde.

Dass Margot nicht zu Hause war, fiel mir auf, weil die Rollläden, die sich über eine Zeitschaltuhr Punkt sieben schlossen, noch unten waren. So sehr sie die Technik auch liebte, im Sommer saß sie nicht so gern im Dunkeln, deshalb fuhr sie sie manuell wieder hoch, sobald sie nach Hause kam. Plötzlich ließ mich ein Geräusch aufschrecken. Über mir, auf der alten Kastanie, raschelte etwas, und bei genauerem Hinsehen erkannte ich ein Kätzchen auf einem der Äste. Es mauzte mir kläglich zu.
„Na, du Kleine, was machst du denn da?“, fragte ich und gefiel mir dabei, wie ich vor dem Haus stand und in aller Ruhe mit einer Katze redete, in der schönen Gewissheit, dass diese Szene unter uns bleiben würde. Natürlich bekam ich keine Antwort, stattdessen mauzte sie stärker und lauter und eindeutig kläglich. Sie sah noch sehr jung aus, stellte ich fest. Wo war sie bloß hergekommen?
„Hat dich der freche Filou dort hochgejagt?“, fragte ich verschmitzt. Der Dackel unserer Nachbarn war wirklich für jede Schandtat gut. Nur zu gern buddelte er Löcher in meinen Rasen, vorzugsweise dann, wenn ich diesen frisch gestutzt hatte, was nun wirklich nicht zu meinen Lieblingsbeschäftigungen gehörte. Ich redete noch eine Weile auf die kleine Katze ein, die wie festgewachsen auf dem Baum hocken blieb. Selbst als ich aus dem Haus ein Wurstzipfelchen holte, irgendwo hatte ich mal gele-

sen, dass Katzen Leberwurst mögen, und sie damit nach unten locken wollte, bewegte sie sich keinen Millimeter. Einigermaßen ratlos starrte ich also zu ihr hinauf.

„Du hast keine Ahnung, wie du da wieder runterkommen sollst, nicht wahr?", fragte ich mehr rhetorisch vor mich hin, als dass ich von der Katze eine ernsthafte Antwort erwartete. Unschlüssig sah ich mich um. Ich war ganz sicher kein Katzenkenner, aber ein hilfloses Geschöpf sich selbst zu überlassen, kam nicht infrage. Vielleicht sollte ich die Feuerwehr rufen, überlegte ich, verwarf den Gedanken jedoch schnell wieder. Wäre ich eine Frau gewesen, dann hätte ich das ja in Betracht ziehen können, so aber, stellte ich mir vor, würden sich die Herren von der Feuerwehr bedanken, wenn ich sie wegen so einer Lappalie davon abhielt, Menschenleben zu retten. Ich war schließlich ein gestandener Mann von Anfang fünfzig, ich sollte das Problem allein in den Griff bekommen! Kaum hatte ich den Gedanken zu Ende gedacht, machte ich mich auf den Weg in den Schuppen und holte die Leiter.

„Keine Angst, Kleine, ich komme jetzt einfach rauf und hole dich runter, ja?"

Als ich die ersten Sprossen erklomm, wackelte die Leiter schon reichlich verdächtig. Doch ich ließ mich davon nicht abschrecken. Hatte ich nicht früher jedes Jahr unseren Markus vom Fliederbaum hinter dem Haus pflücken müssen? Der Bengel war, ähnlich der kleinen Katze, jedes Jahr aufs Neue hochgeklettert und dann nicht wieder runtergekommen. Er hatte jedes Mal nach mir, seinem Vater gerufen, damit ich ihn retten konnte. Auch wenn das inzwischen schon etliche Jahre her war, Erfahrungen im Umgang mit kletterfreudigen Wesen konnte ich also vorweisen. Trotzdem, die Leiter schwankte, und mein Herz rutschte mir fast in die Hose. Ich krallte mich am erstbesten Ast fest, doch die Katze saß noch ein gutes Stück weiter oben. Also kletterte ich unter Zuhilfenahme von allem, was ich in die Finger bekommen konnte, weiter. Die kleine Katze blieb, wo sie war, für mich ein ganz eindeutiges Zeichen ihrer Hilflosigkeit. Und dann diese schimmernden grünen Augen, die mich fest fixiert hielten! Sie zählte auf mich, spornte ich mich selber an, und kletterte tapfer weiter.

Dann hatte ich ihn erreicht, den dicken Ast nahe dem Stamm, auf dem sie saß. Reichlich ungeschickt erklomm ich auch diesen, nein, hinuntersehen wollte ich in diesem Moment schon nicht mehr, da passierte es. Mit einem lauten Poltern fiel die an den Baum angelehnte Leiter um, ich hatte sie mit dem Fuß ungeschickt weggestoßen, ich Idiot! Mit Müh und Not erreichte ich den rettenden Ast und da saßen wir nun: die kleine, verschreckte Katze und ich, einträchtig nebeneinander. Sie hatte sich nicht mal durch meine Kletteraktion vertreiben lassen! Nachdem sich mein Puls langsam beruhigte, erkannte ich den Ernst der Lage. Ohne Hilfe würde ich hier nie wieder runterkommen! Und ich war keine Katze, sondern ein mehr als zwei Zentner schwerer Mann. Die Vorstellung, dass mich meine Margot hier oben vorfand, wenn sie nachher von ihrer Probe im Kirchenchor zurückkam, war auch nicht gerade erbaulich. Ihre hochgezogenen Augenbrauen sah ich praktisch schon vor mir. Und was würde sie dann tun? Vielleicht die Nachbarn zu Hilfe holen? Alles, bloß das nicht, schoss es mir durch den Kopf! Das würde mir ewig nachhängen, gerade bei Filous kommunikativen Besit-

zern! Wenn mich der Willfried hier oben auf dem Baum sah, wusste es morgen früh die ganze Straße und spätestens am Nachmittag die komplette Gemeinde. Nein, mir musste etwas anderes einfallen. Und die kleine Katze neben mir war mir beim Nachdenken auch keine große Hilfe, denn nun, vermutlich nachdem sie meine Ratlosigkeit erkannt hatte, mauzte sie wieder herzzerreißend.
„Sie bloß still!", brummte ich sie an. „Du wirst noch jemanden auf uns aufmerksam machen!"
Nachdem ich eine Weile gegrübelt hatte, ertastete ich in meiner Jackentasche das nagelneue Mobiltelefon, das mir Margot und Markus aufgenötigt hatten. Da meine Armbanduhr, ein Erbstück meines Vaters, vor einiger Zeit ihre Dienste eingestellt hatte, nutzte ich das gute Stück als Uhrenersatz, das Display war jedenfalls groß genug. Deshalb lag es während der Vorlesung auch gut sichtbar auf meinem Pult, was zudem den Charme hatte, dass meine Studenten gar nicht auf den Gedanken kamen, ich würde mich dem technischen Fortschritt verweigern. Was ich insgeheim allerdings schon tat, denn die Vorstellung, ständig an einer virtuellen Leine zu hängen, gefiel mir ganz und gar nicht. Ich musste nicht ständig und schon gar nicht überall erreichbar sein. Und E-Mails interessierten mich auch eher weniger, ich nutzte sie, natürlich, ohne kam man heute ja nicht mehr aus. Allerdings reichte es mir völlig aus, sie alle paar Tage einmal am Computer abzurufen. Und sehr zum Leidwesen meiner Frau konnte ich mich auch nicht für Kurznachrichten begeistern. Deshalb hatte ich mich mit diesem Gerät, welches mein Sohn für das absolute Nonplusultra hielt, auch bislang nicht weiter befasst.

„Ich habe dir alles vorinstalliert“, hörte ich ihn noch sagen. „Du kannst sofort loslegen!“

Nur womit eigentlich, erschloss sich mir nicht wirklich, bis heute. Nun war Markus meine letzte Hoffnung. Er besaß schließlich auch so ein Teil, schleppte es überall mit hin und war, wie er immer stolz verkündete, immer online. Ich hoffte also, dass er das auch wörtlich meinte, und schaltete das gute Stück mutig an. Nachdem ich die Uhr vom Display vertrieben hatte, baute sich eine ganze Reihe niedlicher Symbole auf und ich befürchtete fast, dass ich damit vermutlich tausend spannende Sachen machen konnte, nur nicht telefonieren. Dann entdeckte ich einen kleinen grünen Hörer in der linken oberen Ecke. Entschlossen tippte ich darauf, so wie ich das bei anderen immer beobachtete und wünschte mir insgeheim mein uraltes Mobiltelefon zurück, welches noch über Tasten verfügte und dessen Gebrauch so selbsterklärend war, dass sogar ich es verstanden hatte. Nachdem erst einmal gar nichts passierte, meldete sich nach einiger Zeit tatsächlich Markus vertraute Stimme, wenngleich ziemlich leise.

„Papa?“, fragte er erstaunt, besser gesagt, er flüsterte. Wobei hatte ich ihn denn da gestört?

„Ja, ich bin’s“, sagte ich. „Hör mal, ich brauche deine Hilfe! Du musst vorbeikommen, und zwar sofort!“

In kurzen Worten schilderte ich dem Jungen meine prekäre Lage, und nachdem er genug gelacht hatte, versprach er auch, sofort zu kommen.

„Schon, um dich auf dem Baum sitzen zu sehen!“, lachte er, und ich hörte, wie er lauter wurde, weil er offenbar nun auf der Straße herumlief. „Ich saß gerade im Kino, Papa,

aber der Film kann warten! Ich fahre gleich los, du kannst dir ja die Zeit noch ein bisschen mit dem Smartphone vertreiben. Aber pass bloß auf, dass du nicht vom Baum fällst!“, riet er noch, bevor er lachend auflegte.

Inständig hoffte ich, dass er sich beeilen würde, denn so langsam wurde die Zeit bis zu Margots Rückkehr wirklich knapp.

Und da die kleine Katze zwar immer noch neben mir hockte, aber nicht so aussah, als ob sie von mir bespaßt werden wollte, fing ich an, mich mit dem Telefon zu beschäftigen. Ich tippte auf ein Symbol, unter dem ganz pathetisch „Bibel“ stand und staunte nicht schlecht – eine Gesamtausgabe der Einheitsübersetzung! Mit Suchfunktion! Und die funktionierte sogar, wie ich recht schnell feststellte. Man konnte sogar Lesezeichen setzen und Bibelstellen markieren, ich war echt begeistert. Was es aber auch nicht alles gab! Und sofort fielen mir tausend Möglichkeiten ein, wie ich dieses Spielzeug in meine Vorlesungen einbauen konnte! Mehr aus Neugierde als aus Langeweile, denn ich hätte mich noch stundenlang mit dieser Bibel befassen können, probierte ich das nächste Symbol aus. Eine Art Taschenübersetzer für alle erdenklichen Sprachen, klar, es hieß ja auch „Translator“. Neben allen gängigen Sprachen verfügte es sogar über Wörterbücher inklusive Umschrift weniger gängiger Sprachen wie Hebräisch und Arabisch, alle Achtung. Hätte ich so etwas damals schon bei meinen Ausgrabungen zur Hand gehabt, mein Alltag wäre deutlich leichter gewesen, gestand ich mir ein. Ich war ganz in mein neues Spielzeug versunken, sodass ich gar nicht mitbekam, wie Markus vorfuhr.

„Paps?“, hörte ich ihn plötzlich rufen. Die Katze neben mir schrak regelrecht zusammen, und ich hätte schwören können, dass sie mir die ganze Zeit neugierig auf die Finger geguckt hatte.

„Hier oben!“, rief ich ihm zu und deutete auf die umgefallene Leiter. „Würdest du jetzt bitte so freundlich sein und sie wieder aufstellen?“

Markus starrte mich an, als wäre ich ein Geist. „Ich fasse es nicht, du sitzt wirklich auf dem Baum!“, stammelte er.

„Na was hast du denn gedacht? Dass ich dir ein Märchen erzähle, um dich herzulocken?“

Markus lachte. „Na, zuzutrauen wäre dir ja praktisch alles. Schon, weil du den Film sicher auch gern sehen würdest, aus dem du mich herausgeholt hast!“

„Die Leiter, Markus!“, erinnerte ich ihn. „Und bitte schnell! Bevor deine Mutter mich hier noch sitzen sieht!“

Markus lachte und griff aber erst einmal in aller Seelenruhe nach seinem Mobiltelefon, steckte es dann aber mit einem bedauernden Kopfschütteln wieder ein. „Mist, mein Akku ist leer, ich hätte zu gern ein Foto von dir auf dem Baum gemacht! Du könntest mir aber deins runterwerfen, dann mache ich damit eins!“

„Vergiss es!“, brummte ich und deutete auf die Leiter, die er dann auch endlich wieder an den Baum stellte und sie sicherheitshalber festhielt. „Sei bloß vorsichtig!“, ermahnte er mich, als ich mich todesmutig an den Abstieg machte.

Keine Minute zu früh stellten wir die Leiter zurück in den Schuppen, als Margot angebraust kam. Wie immer fröhlich auf ihrem Fahrrad.

„Markus!“, freute sie sich. „Das ist ja eine Überraschung!

So mitten in der Woche und um die Uhrzeit! Gibt's einen besonderen Grund oder wolltest du uns einfach nur besuchen?"

„Klar gibt's einen Grund, Mama!", erklärte Markus seiner Mutter schmunzelnd und warf mir einen leicht gehässigen Blick zu. „Papa wollte mich ins Kino einladen. In die Spätvorstellung! Noah, der Film, in Starbesetzung. Und er orientiert sich sogar an der biblischen Vorlage – also genau das Richtige für uns!"

Margot musterte uns beide, und ich sah ihr an der Nasenspitze an, dass sie mit sich rang. Um sie abzulenken, wies ich auf die Kastanie hinter uns.

„Da sitzt eine Katze auf dem Baum!", stellte ich fest.

„Ach die, ja, die gehört den Rüdigers von gegenüber. Sie klettert gern auf unserem Kastanienbaum herum, schon seit sie sie vor vier Wochen angeschafft haben. Meist abends, aber das muss dir doch aufgefallen sein, Berthold!", tadelte mich Margot prompt. Markus kicherte und ich konnte mir einen bösen Blick in Richtung Kastanie kaum verkneifen. Dieser kleine Schlawiner saß immer noch auf dem gleichen Ast, mauzte und funkelte mich mit seinen grünen Augen an. Nein, mein Freundchen, schwor ich mir, du legst mich nie wieder rein!

„Was ist nun mit dem Kino?", fragte Markus. „Wir sollten los, sonst kommen wir noch zu spät! Willst du nicht auch mitkommen, Mama?"

Und ob Margot wollte! Wir hatten jedenfalls alle einen unvergesslichen Abend. Und seit jenem denkwürdigen Tag bin auch ich in der digitalen Welt angekommen. Dank einer kleinen, frechen Katze, die unsere Kastanie als Kletterbaum für sich entdeckt hat.

Eine gelungene Überraschung

Ich wusste es schon, bevor ich an diesem Freitagmorgen die Augen öffnete – dies würde nicht mein Tag werden. Schnell zog ich die Decke ein bisschen weiter über meinen Kopf und dachte daran, wie glücklich ich vor genau zwanzig Jahren gewesen war. Damals, um genau vier Uhr dreißig, hatte Marie das Licht der Welt erblickt. Und egal wie sehr mich die Wehen vorher geschafft hatten, als ich sie im Arm hielt, war ich einfach nur glücklich. Und seitdem war sie jeden Geburtstag bei mir gewesen. Nur heute würde sie nicht da sein. Dabei war der Zwanzigste doch etwas Besonderes. Aber sie studierte seit ein paar Monaten Religionswissenschaften und war deshalb lieber in eine WG gezogen, anstatt jeden Morgen von hier aus zur Uni zu fahren. Ich konnte es ja verstehen, sie war jung und neunzig Minuten pro Strecke waren auch nicht gerade wenig. Trotzdem, sie fehlte mir. Besonders heute. Schließlich war sie unser einziges Kind.
Georg, seit fast fünfundzwanzig Jahren mein Ehemann, tat so, als würde er noch schlafen, als ich mich aus dem Bett schlich. Dass er Marie auch vermisste und das tapfer vor mir zu verbergen suchte, wusste ich natürlich. Wir kannten uns lange genug, warum er immer noch dachte, er könne mir etwas vormachen, wusste ich auch nicht.
Um mich selbst aufzumuntern warf ich einen Blick in den Beutel, den ich unter dem niedrigsten Brett unserer Vorratskammer versteckt hatte. Dort wartete bereits alles darauf, nachher in Beschlag genommen zu werden:

zwei hübsche bunte Plastiknäpfe, einer für Wasser und einer für das Futter, ein kleiner Ball in Maries Lieblingsfarbe Pink und unzählige Dosen und Tüten mit Hundefutter! Doch ich plante diese Überraschung nicht für meine Tochter, nein, sie war für Georg gedacht. Dem Mann, dem ich mein Lebensglück verdankte. Und der mich immer behütet und beschützt hatte, so wie wir es uns damals vor dem Traualtar geschworen hatten. Ich war seit siebzehn Jahren Gemeindereferentin, Familienstreitigkeiten und auch Eheprobleme waren mir also nicht fremd, nur von zu Hause kannte ich das alles nicht. Und das lag vor allem an Georgs unverwüstlichem Talent, aus jeder Situation das Beste zu machen und mich mitzureißen, egal wie deprimiert oder schlecht gelaunt ich gerade war. Dass er sich seit seiner Kindheit einen Hund wünschte, wusste ich. Auch, dass er bislang um meinetwillen darauf verzichtet hatte; ich war eher der Katzentyp. Georg träumte davon, draußen in unserem großen Garten mit einem Hund zu toben, und das gönnte ich ihm auch von Herzen. Natürlich hatte ich die Erdbeertorte gesehen, die er gestern noch ganz heimlich vom Bäcker geholt hatte. Mit Schokorand und Vanillepudding, die Lieblingsvariante von Marie und mir. Nur, dass Georg und ich die wohl heute Nachmittag würden allein verdrücken müssen. Denn darauf, dass unsere erwachsene Tochter plötzlich zum Kaffeetrinken bei ihren Eltern auf der Matte stehen würde, war eher nicht zu hoffen.

So erwartungsfroh, wie mich Georg während des Frühstücks angrinste, wusste ich, dass etwas in der Luft lag. Ich ließ mir jedoch nichts anmerken, Georg auch nicht, also plauderten wir beim Frühstück über dies und das, vornehmlich bemüht, gewisse Themen nicht anzuschneiden. Als sich Georg dann recht zügig verabschiedete und als Ausrede ein spontanes Morgenmeeting vorschob, war eigentlich alles klar. Freitagfrüh und Morgenmeeting – und das, wo doch sein Chef immer donnerstags von daheim aus arbeitete. Georg führte etwas im Schilde, so viel stand fest. Aufgrund meiner eigenen Pläne kam ich allerdings nicht dazu, der Sache auf den Grund zu gehen. Kaum war er weg, düste ich auf schnellstem Wege Richtung Tierheim Auenwiesen. Es lag hübsch idyllisch im Grünen, was aber nicht darüber hinwegtäuschte, dass hier vornehmlich Hunde hingebracht wurden, die auf die eine oder andere Art traumatisiert waren.

Als ich beschloss, Georg einen Hund zu schenken, hatte ich mich natürlich umgehört. Er sprach immer von einer typischen Promenadenmischung, die er besonders attraktiv fand. Und die bekam man am ehesten im Tierheim. Bei meinem ersten Besuch fiel mir der freche Mischlingsrüde sofort auf. Und sein Name war absolut passend: Troll. Er wuselte mir um die Beine, und wenn ich ihm ins Gesicht schaute, hatte ich das Gefühl, er würde mich anlachen. Ein freundlicher Hund, der mein Herz im Sturm eroberte. Und Georg würde es genauso gehen.

„Haben Sie an eine Sicherung fürs Auto gedacht?“, fragte mich Frau Lohmann vom Tierheim, mit der ich die Formalitäten regelte. Ich nickte. Den Zettel, den sie mir sicherheitshalber mitgegeben hatte, war ich akribisch durchgegangen, ich hatte sogar eine Hundehalterhaftpflichtversicherung abgeschlossen, nun konnte wirklich nichts mehr schiefgehen. Dann machten Troll und ich uns auf den Heimweg. Ich wollte ihn, so mein

Plan, durchs Haus führen, noch bevor Georg kam. Doch daraus wurde nichts, denn als wir ankamen, stand Georgs Wagen bereits in der Auffahrt. War er etwa schon zu Hause? Hinter mir winselte Troll wie auf Kommando los.

„Na, mein Freundchen, dann stelle ich dir mal dein neues Herrchen vor!“, machte ich uns beiden Mut, stieg aus und ließ Troll von der Leine. Unter großem Gejaule stürmte er aufs Haus zu und ich sah im letzten Moment, dass Georg gerade vor der Tür hockte und in einem Korb herumhantierte. Plötzlich hörte ich einen Schrei, dann stoben zwei wildgewordene Vierbeiner um die Wette durch unseren Garten, während ich ihnen fassungslos hinterherschaute.

„Was, um Himmels willen, war das?“, fragte Georg und rappelte sich vom Boden hoch. Seine Hände zierten blutige Striemen.

„Was hast du denn da gemacht?“, wollte ich wissen.

„Oh, das muss Betti gewesen sein, bevor sie getürmt ist. Sag mal, wo um alles in der Welt kommt denn dieser Hund her? Er muss sie zu Tode erschreckt haben, die arme Kleine!“

„Betti?“, fragte ich und deutete auf den Korb.

„Oh, ja, Schatz, das sollte eigentlich eine Überraschung sein! Weil doch heute Marie nicht da ist und ich weiß, wie sehr du sie vermisst. Deshalb dachte ich ... na ja, du wolltest doch schon immer eine Katze haben! Und nachdem mir der Pfarrer neulich erzählt hat, dass er in einer Mülltonne ein paar kleine, halb verhungerte Kätzchen gerettet hat und nun nicht weiß, wohin mit ihnen, habe ich zugegriffen. Ich hätte Betti auch schon letzte Woche holen können, aber ich habe absichtlich bis heute gewartet, extra Urlaub genommen und drin einen Kratzbaum für sie aufgestellt!“

Georg strahlte mich an und schien die blutigen Striemen an seinen Händen glatt vergessen zu haben. In meinem Kopf purzelten alle Gedanken durcheinander.

„Aber, ich habe doch Troll extra für dich geholt!“, stotterte ich nur.

„Troll?“, fragte Georg. Dann deutete er auf den bellenden Vierbeiner, der sich inzwischen vor dem Kirschbaum aufgebaut hatte, während Betti ihn von oben böse anfauchte.

„Ja, ein total aufgewecktes Kerlchen! Stell dir vor, seine Besitzer haben ihn einfach an einer Raststätte ohne Futter oder Wasser angebunden und zurückgelassen! Ich habe ihn im Tierheim entdeckt und wusste sofort, dass er dein Herz erobern wird!“

Georgs Augen strahlten augenblicklich, während mir erst so langsam bewusst wurde, was wir eigentlich getan hatten.

„Super Idee, Schatz, ich liebe dich!“, hauchte mir Georg ins Ohr und deutete auf die beiden. „Nur, wie kriegen wir die nun zusammen?“

Damit war ich auch überfragt. Plötzlich kam wieder Bewegung in die Szenerie, denn Betti wagte sich todesmutig vom Kirschbaum herab.

„Troll, komm her, los, komm her!“, versuchte ich den Hund zu bändigen. Doch der dachte überhaupt nicht daran zu gehorchen, im Gegenteil, sein Spieltrieb schien geweckt und die Jagd ging munter weiter, ehe sie abrupt im Misthaufen des Nachbarn endete.

„Oje, die kriegen wir nie wieder sauber!", stöhnte ich. Immerhin waren die beiden dadurch so abgelenkt, dass wir sie einfangen konnten. Während sich Georg voller Begeisterung auf Troll stürzte, konzentrierte ich mich auf Betti, die sich einigermaßen geschockt von mir packen und wegtragen ließ.

„Du stinkst vielleicht!", stellte Georg fest und beschloss, die beiden erst mal abzuspritzen. Zum Glück tat er das nicht in unserem Badezimmer, denn die beiden fanden die Idee gar nicht lustig. Wer jemals versucht hat, eine Katze zu baden, weiß, wovon ich rede. Auf jeden Fall wehrten sich beide mit allem, was sie zur Verfügung hatten, und hinterher waren Georg und ich einfach nur fix und fertig. Wir gingen hinein und mit uns unsere beiden Hausgenossen und ich ließ mich aufs Sofa plumpsen. Plötzlich schepperte es.

„Die Stehlampe konnte ich noch nie leiden!", versicherte mir mein Mann eifrig, sprang wieder hoch und ermahnte Troll, nicht die Einrichtung zu demolieren.

„Wo ist eigentlich Betti?", fragte ich. Sie war uns beim Abspritzen entwischt, gerade als ich sie mit einem Tuch trocken reiben wollte, danach verlor sich ihre Spur. Schon weil wir im Haus dunkle Teppiche ausgelegt hatten, die Feuchtigkeit schluckten. Immerhin war es Georg mittlerweile gelungen, Troll so weit zu beruhigen, dass er ihn in die Küche einsperren konnte. Vielleicht nicht der idealste Raum für einen Hund, aber etwas Besseres fiel uns einfach nicht ein.

„Wir müssen Betti finden!", stellte ich fest. Die arme kleine Katze hatte sicher einen Schreck fürs Leben bekommen. Ich machte mir wirklich Sorgen um sie.

„Am besten, wir suchen systematisch das Haus ab!“, schlug Georg vor. „Ich fange oben an, du unten, einverstanden?“

Ich nickte, obwohl ich mir ziemlich sicher war, dass sie nicht nach oben geflitzt war. Das hätte ich doch gesehen, oder? Wie schnell war so eine Katze eigentlich? Ich lugte vorsichtig in ein paar Ecken, dann hörte ich unter der rechten Sofaecke ein Geräusch. Ich ließ mich auf die Knie hinab und lugte unter das Sofa – in der hintersten Ecke saß Betti und funkelte mich mit ihren grüngelben Augen an.

„Hey, Süße, komm vor, ja?“, lockte ich sie.

„Ich habe sie gefunden!“, rief ich dann durchs Haus und öffnete, zugegeben ohne darüber nachzudenken, die Küchentür. Mit einem Aufschrei stürzte Troll an mir vorbei, während ich ihm fassungslos hinterherstarrte.

„Verflixt, den hatte ich doch glatt vergessen!“, ärgerte ich mich und nahm trotzdem die Sahne aus dem Kühlschrank. Deswegen war ich ja schließlich in die Küche gekommen, um etwas zu holen, mit dem ich Betti unter der Couch vorlocken konnte.

„Wir könnten die Couchecke beiseiteschieben und sie so hervorholen!“, schlug Georg vor und redete fast schon beschwörend auf Troll ein. Solange Georg mit ihm sprach, sprang er auch an meinem Mann hoch und runter, doch wenn Georg aufhörte, sich dem Hund zu widmen, erinnerte der sich blitzschnell an Betti.

„Am besten gehst du mit dem Hund raus, und ich sehe zu, dass ich sie hervorlocke, einverstanden?“, schlug ich vor. Solange Troll im gleichen Zimmer war, würde ich Betti sicher nicht zu fassen kriegen. Georg folgte meinem

Vorschlag, ich hörte die beiden im Garten herumtollen, nur Betti beeindruckte das alles nicht. Sie blieb, wo sie war, auch als Georg mit Troll eine halbe Stunde später wieder reinkam.

„Wir ziehen das alles vor, dann kannst du sie schnappen, einverstanden?“, übernahm mein Mann nun das Kommando. Auch wenn ich seinem Plan genauso wenige Chancen einräumte wie meinem, zerrten wir mit vereinten Kräften die Couch beiseite. Natürlich sperrten wir vorher Troll in die Küche – mit wenig Erfolg. Denn dieses clevere Kerlchen hatte schnell gelernt, dass sich die Küchentür sehr leicht öffnen ließ, und stand just in dem Moment hinter uns, als wir die eine Hälfte der Couch so weit nach vorn gezogen hatten, dass ich an Betti herankam. Die sah Troll, ihr Schwanz schoss nach oben, dann machte sie einen Satz – und weg war sie. Troll guckte kurz verdutzt, dann sprang er hinterher und es entspann sich eine Jagd durch unser Haus, wie Georg und ich sie uns nie hatten träumen lassen. Über Tische und Stühle, knapp am Bücherregel vorbei, landete Betti mitten in der Blumenbank, riss dabei natürlich ein paar Töpfe zu Boden und auch ihren neuen Kratzbaum, während Troll kurz vor der großen Yucca-Palme in der anderen Wohnzimmerecke zum Stehen kam.

Während sich Georg langsam mit der Leine in der Hand zu Troll durchkämpfte, schob ich die Scherben beiseite, schließlich sollte sich keiner verletzen. Betti nutzte die Situation und huschte an mir vorbei – zurück unter die andere Couchhälfte.

„Nein, Troll, lass das!“, fuhr Georg seinen Hund an, als Troll sich anschickte, Betti weiter anzuknurren. „Ihr seid

die allerbesten Freunde!", predigte er ihm und schaute Troll dabei tief in die Augen. Der hechelte ihn zwar freudig an, allerdings vermittelte er nicht den Eindruck, dass er verstanden hatte.

„Bei Marie hat das früher immer funktioniert!", schüttelte Georg den Kopf und sah sich um. „Mensch, nicht mal nach ihrem siebenten Geburtstag als die Hässler-Zwillinge dabei waren, sah es hier so aus."

„Am besten ich rufe nachher gleich mal beim Pfarrer an, der kennt sich mit Katzen aus!", schlug ich vor.

„Ja, und ich kann mir außerdem von Paul Kühne Rat holen. Der hat doch neulich erst eine Hundeschule eröffnet, oder?" Paul und Georg waren Schulfreunde und noch locker in Kontakt. Ein guter Plan also, doch natürlich nicht der Weisheit letzter Schluss, denn Betti saß immer noch unter dem Sofa.

„Wenn sie Hunger hat, kommt sie schon wieder vor!", versuchte mich Georg zu trösten. Plötzlich schien Troll im Flur ein Geräusch zu hören, mit einem Satz stürzte er davon und Georg hinterher.

„Hey, wer bist du denn?", hörte ich Marie lachen. Marie? Oh mein Gott – jetzt hatte ich sie doch noch nicht mal angerufen, wegen des ganzen Chaos hier!

„Alles, alles Gute, mein Engel!", hörte ich Georg ihr gratulieren, während Troll bellend um sie herumsprang. „Okay, ihr habt euch einen Hund gekauft, deshalb geht keiner von euch ans Handy!", lachte sie.

„Ja, tut mir leid, Marie!", sagte ich und zog sie in meine Arme. Nun sprang dieser freche Hund mich an, doch das störte mich nicht. Marie war da, völlig ungeplant, ich war selig!

„Dein Vater hat Erdbeertorte besorgt!", sagte ich. Marie war begeistert.

„Aber ihr konntet doch gar nicht wissen, dass mich Tessa zu einer Überraschungsparty verschleppen soll!“, wunderte sie sich nur.

„Ich wusste, dass du kommst!“, beharrte Georg und stellte ihr einen Teller mit Erdbeertorte vor die Nase. „Du kannst doch zu deiner Party gehen. Deine Mutter und ich sind ja schließlich beschäftigt!“

Marie lachte. „Klar, mit eurem neuen Hund!“

„Und mit der Katze, die dein Vater mir geschenkt hat!“, klärte ich Marie auf. Die verschluckte sich nun fast an der Erdbeertorte. „Hund und Katze in einem Haus, na dann viel Spaß!“, lachte sie.

„Den haben wir!“, versicherte ihr Georg und lugte Richtung Flur. Da draußen war es verdächtig still geworden. Weder Troll noch Betti waren zu hören.

„Ich würde nachsehen!“, riet Marie und Georg sprang prompt auf. Wenig später stand er grinsend in der Küchentür.

„Das müsst ihr euch ansehen, los!“, sagte er und bedeutete uns, leise zu sein. Drin im Wohnzimmer dann die Überraschung: Troll lag ganz ruhig vor dem Sofa und starrte darunter, während sich Betti bis zur Kante nach vorn gewagt hatte, ihre Schnauzen berührten sich fast und das ohne, dass es Verletzte gab.

„Das wird schon, ihr werdet sehen!“, flüsterte mir Marie ins Ohr und hauchte mir einen Kuss auf die Wange. „Die beiden werden das Traumpaar schlechthin – so wie du und Papa!“

Und ehe ich darauf eine Antwort finden kann, verschwand das Kind wieder, während ich mir versuchte vorzustellen, wie unser Alltag mit Hund und Katz unter einem Dach künftig aussehen sollte. Langweilig, so viel stand fest, würde es nicht werden.

Der Kater auf der Orgelbank

Mein Stubentiger Theo und ich pflegen seit fünf Jahren eine ganz besondere Beziehung. Zugelaufen ist er mir, als ich die Abwesenheit meiner Eltern, bei denen ich damals noch wohnte, ausnutzend, abends bei geöffneter Terrassentür Klavier übte. Erst hörte ich es draußen tapsen, dann schnurrte etwas zur Musik mit. Hörte ich auf zu spielen, hörte auch das Schnurren auf; fing ich wieder an, setzte es auch wieder ein. Es dauerte eine Weile, bis ich begriff, dass es der kleine gescheckte Kater war, der da gerade seine musikalische Ader entdeckt hatte. Von Stund an wich er nicht mehr von meiner Seite, selbst als ich vor zwei Jahren auszog, um an der Universität Musik zu studieren, nahm ich ihn mit. Nie wäre er ohne mich zurückgeblieben! Und inzwischen konnte ich mir mein Leben ohne Theo auch gar nicht mehr vorstellen, selbst wenn es einige in meinem Alter gab, die es äußerst uncool fanden, wenn ein Dreiundzwanzigjähriger sein Herz an einen Kater hängt.
Schon seit meiner Kindheit singe ich auch im Kirchenchor, und als ich mich entschied, Organist zu werden, war es selbstverständlich, dass ich dem Chor auch weiterhin zur Verfügung stand, natürlich auch während des Studiums. Bei Auftritten sang ich im Tenor mit, aber bei den Proben begleitete ich den Chor meist am Klavier. Ehrensache, dass Theo mich zu allen anstehenden Proben begleitete. Normalerweise hatte unsere Kantorin, Frau Barnhofer, auch nichts dagegen, wenn Theo es sich in der

ersten Reihe gemütlich machte und sachte im Takt mitschnurrte, auch wenn sie allgemein als schwieriger Charakter galt. Aber an diesem Samstag musste ihr wohl eine besonders große Laus über die Leber gelaufen sein.
„Im Takt bleiben!“, brummte sie ständig, und ihre Augen feuerten Blitze, vor allem in die letzte Reihe im Alt, wo zwei Schülerinnen, Charlotte und Sophie aus der elften Klasse des nahen Gymnasiums, miteinander tuschelten. Dadurch verpassten sie natürlich fast jeden Einsatz, was Frau Barnhofer mit bösen Blicken quittierte. Als dann Sophie auch noch den Rhythmus durcheinanderbrachte und laut in eine Pause hineinsang, platzte Frau Barnhofer der Kragen.
„Das sind zwei Viertel, dann anderthalb Pause, dann eine Achtel! Bitte mitzählen!“, fauchte sie.
„Wenn ihr das nicht besser macht, blamieren wir uns morgen bis auf die Knochen und jetzt, meine Damen und Herren, alles noch mal von vorn!“, tönte sie. Und an die beiden Mädchen gerichtet brummte sie: „Bis Vier zählen dürfte doch kein Problem sein, oder?“
Damit hatte sie sie erst so richtig verunsichert, das konnte man fast körperlich fühlen. Der ganze Chor kam nun aus dem Takt, setzte zu früh wieder ein, und je heftiger Frau Barnhofer den Taktstock schwang, desto schlimmer wurde es.
Während der Sopran die Fuge begann, war ich bemüht, die falschen Töne aus dem Alt und Bass zu überhören. Von meinem Standpunkt aus war das auch ohne Weiteres möglich, auch wenn mich falsche Töne durchaus irritierten. Theo musste es ähnlich gehen, er miaute kurzerhand dazwischen. Doch das brachte das Fass zum Überlaufen,

Frau Barnhofer unterbrach plötzlich die gesamte Probe und fauchte Theo an: „Du nicht auch noch!“ Theos Nackenhaare richteten sich auf.
„Das ist ein Kirchenchor und kein Tierkonzert! Du hältst jetzt gefälligst deinen Schnabel, sonst gibt's richtig Ärger!“
Nach dem ersten Schock begann das große Kichern im Chor und Charlotte rief: „Der hat aber ein Maul und keinen Schnabel!“, worauf allgemeine Heiterkeit ausbrach. Doch Frau Barnhofer war gar nicht zum Lachen, im Gegenteil, nun wurde sie erst richtig sauer.
„Ich möchte wirklich mal wissen, wie wir die Kantate morgen im Gottesdienst schaffen wollen, wenn die Hälfte den Rhythmus nicht kapiert und die andere Hälfte lieber Witze reißt, anstatt zu üben!“
Sie tobte noch ein Weilchen herum, Theo war längst von der Bank gesprungen und hatte sich beleidigt und mit hoch erhobenem Kopf davongemacht, während ich noch am Klavier festhing und mir auch überlegte zu gehen. So hatte das eigentlich alles keinen Sinn, die Stimmung war schlecht und würde heute wohl auch nicht mehr besser werden.
Frau Barnhofer atmete tief durch, klopfte dann auf ihr Notenpult und verkündete streng: „Und jetzt alles noch einmal!“
Ich setzte zum Spiel an, der Chor sang die ersten Töne, auf einmal sah ich aus dem Augenwinkel heraus etwas durch die Kirche huschen. Theo? Nein, der war viel größer. Den nächsten Ton traf ich wegen der Ablenkung daneben, was mir einen Rüffel von unserer gestrengen Chormeisterin einbrachte.

„Sie jetzt nicht auch noch!“, stöhnte sie, und noch bevor wir weitermachen konnte, kreischte Charlotte los: „Igitt, eine Maus!“

Wieder sah ich etwas durch die Kirche huschen und brauchte eine Weile, um zu realisieren, dass wir es hier mit definitiv mehr als einer Maus zu tun hatten, vermutlich handelte es sich um eine ganze Mäusefamilie, denn es huschte und raschelte an gleich mehreren Stellen. Auf einmal sah ich sie auch richtig: Eine fette Maus sauste direkt in Richtung Chor, die Damen kreischten in den höchsten Tönen und Frau Barnhofer machte einen Satz auf die nächstgelegene Kirchenbank. Mit offenem Mund saß ich staunend am Klavier und wusste nicht, was ich verwunderlicher fand: Kirchenmäuse in einem durchaus renovierungsbedürftigen, mittelalterlichen Gebäude oder Frau Barnhofers Satz auf die Kirchenbank. Immerhin wog die gute Frau geschätzte hundert Kilo und beklagte sich, solange ich sie kannte, über ihren starken Rheumatismus in den Kniegelenken. Aber wie sagte meine Großmutter immer schon:

„In Zeiten höchster Not und Angst schafft der Mensch alles!“

Nun ja, Frau Barnhofer schaffte es zunächst nicht mehr herab von der Kirchenbank, was aber weniger am fehlenden Können, sondern mehr am fehlenden Wollen lag.

„Jemand muss diese Mäuse wegschaffen!“, jammerte sie und sah dabei so verzweifelt aus, dass sie mir schon wieder leidtat. „Macht hier jemand mal etwas? Mäuse! In unserer Kirche! Das darf doch nicht wahr sein!“

Herr Bogner, ein netter Mittfünfziger mit grauen Haaren, der schon seit meiner Kindheit im Chor sang, wagte sich

in die Nähe von Frau Barnhofer, griff nach ihrer Hand und redete beruhigend auf sie ein. Doch es half nicht, sie war nicht zu bewegen, die Kirchenbank zu verlassen.
„Vielleicht sollte mal jemand den Hausmeister holen?“, schlug Sophie vor. „Oder den Pfarrer! Frau Barnhofer braucht dringend seelischen Beistand!“
„Na, das ist ja nun wirklich reichlich übertrieben!“, brummte die alte Frau Müller kopfschüttelnd. „Sie tut ja gerade so, als hätte sie noch nie eine Maus gesehen! Meine Güte, wir leben auf dem Land, da muss man damit rechnen!“
„Sie vielleicht! Aber ich nicht! Mein Haus ist sauber, da gibt es kein Ungeziefer!“, kreischte Frau Barnhofer aufs Neue los. „Jemand muss etwas unternehmen!“, verlangte sie und sah wirklich nicht so aus, als ob sie freiwillig von der Kirchenbank herabsteigen würde.
„Da!“, rief Charlotte plötzlich. „Da ist die große Maus wieder!“
Weitere Damen kreischten, Frau Barnhofer schloss die Augen. Auf einmal sauste Theo an mir vorbei, immer der Maus hinterher und verfolgte sie durch die ganze Kirche. Er jagte sie unter einer an der Wand stehenden Kirchenbank wieder hervor und erwischte sie dann kurz vor dem Altar. Mit einem fast schon siegessicher klingenden Fauchen stürzte er sich auf sie und packte sie im Genick. Ein triumphierender Blick, dann marschierte er auf mich zu, um mir seine Beute zu präsentieren. Geistesgegenwärtig stand ich auf und zog mich vorsichtig Richtung Tür zurück, schließlich wollte ich nicht riskieren, dass Theo die Maus noch in der Kirche wieder laufen ließ. Denn dass sie noch lebte, daran zweifelte ich keine Sekunde. Theo liebte es zu spielen und zu jagen, aber manchmal war ihm eine clevere Maus auch lebend

wieder entwischt. Vor der Kirche ließ er sie dann tatsächlich fallen, die Maus rappelte sich nach einigen Schrecksekunden wieder hoch und sauste schneller, als ich gucken konnte, ins Gebüsch.

„So, mein Freund, jetzt bitte noch die anderen Mäuse einfangen, sonst kriegen wir unsere Kantorin gar nicht mehr von der Kirchenbank!", bat ich ihn schmunzelnd und hielt ihm die Tür auf. Mit aufgestellten Ohren inspizierte er jede Ecke unserer Kirche und blieb dann vor einem unscheinbaren Loch im Mauerwerk hocken.

„Vermutlich sind die anderen dort hineingeflüchtet!", überlegte Frau Müller. „Da helfen Mausefallen. Rattengift tut's auch, aber Mausefallen sind sehr effektiv. Wir könnten natürlich auch einen Kammerjäger bestellen, aber das ist natürlich teuer, wo die Gemeinde doch nicht so viel Geld hat. Oder Sie lassen den Theo da sitzen, dann hat er was zu tun!"

„Kommen Sie, die Gefahr ist gebannt!", versuchte ich mein Glück bei Frau Barnhofer. „Theo passt auf, dass keine Maus mehr aus dem Loch herauskommt und falls es doch eine wagen sollte, fängt er sie ein, bevor Sie die Maus überhaupt gesehen haben!", versprach ich ihr.

Sie warf Theo einen Blick zu, der irgendwo zwischen Skepsis und Dankbarkeit schwankte, traute sich dann aber tatsächlich herabzusteigen.

„Au, meine Knie!", stöhnte sie, Theo fest im Blick. Der hatte sich derweilen vor dem Loch bequem gemacht und wartete geduldig.

„Und er passt wirklich auf?", vergewisserte sie sich. Ich nickte, Charlotte nickte und sogar Frau Müller nickte.

„Wir sollten noch mal von vorn anfangen, damit morgen al-

les glattgeht!", schlug Sophie vor. Eine gute Idee, um unsere Frau Barnhofer wieder auf andere Gedanken zu bringen.
Da unsere Kantorin keine Anstalten machte, den Einsatz zu geben, begann ich einfach zu spielen. Und nach und nach stimmten die Sänger ein. Nachdem der Choral noch ein bisschen holperte, weil sie alle nach und nach erst einsetzten, ging die Fuge richtig gut. Endlich war der Knoten geplatzt! Der Rhythmus stimmte, keiner verpasste seinen Einsatz und ich traf auch jeden Ton, es klang wunderbar!
„Das war schon fast perfekt!", lobte uns hinterher sogar Frau Barnhofer strahlend.
„Nur fast?", maulte Charlotte enttäuscht.
„Natürlich nur fast! An den Stellen, wo piano steht, singt ihr mindestens mezzoforte. Dabei steht das alles in den Noten. Aber ihr beobachtet lieber den Kater, wie er sich um die Mäuse kümmert. Der Theo kann sich anscheinend viel besser konzentrieren als der ganze Chor zusammen!"
Sie warf einen wohlwollenden Blick in Richtung meines Katers, und ich stellte amüsiert fest, die meinte das wirklich ernst!
„Sie bringen ihn doch beim nächsten Mal wieder mit?", erkundigte sie sich nach der Probe sogar bei mir. „Er darf auch gern mitmauzen, so viel und so falsch er will, aber er muss um Himmels willen aufpassen, dass da drin keine Mäuse rumlaufen!"
Ich versicherte ihr augenzwinkernd, mit Theo zu reden, der sich sichtlich in seinem neu erworbenen Ruhm sonnte und Streicheleinheiten bei den Chordamen einsammelte.
„Ja, mein Lieber, wenn ich bei den Frauen nur halb so gut ankäme, wie du es tust, dann müsste ich auch nicht immer allein essen!", stellte ich ein bisschen neidisch fest.

Katzenalarm im Pfarrhaus

Es war ein herrlicher Sonntagmorgen, der Gottesdienst war gerade zu Ende gegangen und unser Pfarrer unterhielt sich noch mit einigen älteren Gemeindemitgliedern, als ich – zurück im Pfarrhaus – ein äußerst seltsames Geräusch aus dem Keller hörte.
Seit fast acht Jahren war ich nun schon Pfarrhaushälterin und hatte gerade zu Anfang mit einigen Vorurteilen aufräumen müssen. Warum dachten eigentlich immer alle Leute, dass eine Pfarrhaushälterin automatisch eine alte Frau sein müsse? Ich war gerade mal Anfang vierzig, überzeugte Katholikin und das Haushalten machte mir einfach Spaß. Weil ich nicht verheiratet war, lebte ich auch im Pfarrhaus, in einer Einliegerwohnung, und mein Pfarrer respektierte durchaus auch meinen Feierabend. Dass wir uns trotzdem ständig über den Weg liefen, lag auf der Hand und war auch durchaus so gewollt. Wir teilten viele Interessen, wenngleich ich mich auch nicht für alles begeistern konnte, was ihn so antrieb. Andererseits, die neuesten Rezepte für Cup Cakes lockten ihn auch nicht hinter dem Ofen vor, nachmittags bevorzugte er lieber ein herzhaftes Schnittchen.
Weil ich noch nie ein Freund alter englischer Gruselfilme war, ging ich dem Geräusch im Keller besser nicht nach, da hätte es auch genauso gut auf dem Dachboden knarren können, auch das hätte ich weitestgehend ignoriert. Zumal ich das Gefühl nicht los wurde, dass es in letzter Zeit häufiger hier und da knarrte und knackste, aber viel-

leicht lag es auch an den morschen Balken unseres in die Jahre gekommenen Pfarrhauses. Mein persönliches Unbehagen hielt mich also davon ab, selbst nachzusehen, deshalb schickte ich unseren Pfarrer in die Spur, als er nach dem Gottesdienst zurückkam.

„Ein Geräusch im Keller? Unmöglich! Da ist nichts, glauben Sie mir das ruhig, Frau Schmidt!“, beruhigte er mich eine Spur zu schnell. Und vor allem ohne nachzusehen!

Das Geräusch verstärkte sich, ich hätte nur nicht sagen können, was genau es war, es klang auf jeden Fall aber reichlich unheimlich und so, als ob sich wirklich jemand im Keller herumtreiben würde. Ich beschloss also, den Eindringling in meiner Not selbst zu stellen und staunte nicht schlecht, als ich im Keller, mich tapfer nach allen Seiten umguckend, fast über eine weiße Katze gestolpert wäre. Sie erschrak, ich erschrak, sie machte einen Satz nach hinten und ich hätte am liebsten auch die Flucht angetreten, doch dann sickerte in meinem Kopf die Erkenntnis durch, dass Katzen nun nicht zwingend zu den gefährlichsten Raubtieren gehörten, auf die man in einem Pfarrhauskeller so stoßen konnte.

Ich beruhigte mich also und musterte den verschreckten Vierbeiner: weiß, kuschelig, sogar recht hübsch, stellte ich fest. Dazu funkelnde grüne Augen. Vor dem Vorratsschrank entdeckte ich ein leeres Schälchen. Ganz offensichtlich wusste jemand, dass sie sich hier aufhielt, und da nur der Pfarrer und ich dieses Haus bewohnten, lag auf der Hand, wer das war. Nun kannte ich ja seine Tierliebe, die er nur deshalb nicht auch daheim ausleben konnte, weil ich mich seit Jahren gegen vier- oder noch mehrbeinige Hausbewohner sträubte. Angesichts der Tatsache, dass offenbar kein bösartiger Einbrecher unseren Keller als Hehlerlager missbrauchte, trat ich den geordneten Rückzug an. Oben angekommen, stellte ich unseren Pfarrer erst einmal zur Rede.

„Das arme Tier tat mir leid!“, gab er auch unumwunden zu. „Sie hat sich schon ein paar Tage ums Pfarrhaus herumgedrückt und dabei so traurig gemauzt. Ich konnte sie nicht einfach draußen lassen, wo es doch so kalt ist! Und vorletzte Nacht hat es ja auch noch geregnet! Wussten Sie eigentlich, dass Katzen nichts mehr hassen als kaltes Regenwetter?“

„Nein“, gab ich zu und verkniff mir den Hinweis, dass er nun, bitte schön, nicht vom Thema ablenken sollte.

„Außerdem ist es so ein hübsches Tier!“, nutzte er meine Sprachlosigkeit ungeniert aus. „Haben Sie denn nicht ihr wundervolles Fell gesehen? So kuschelig und weich! Und ihr Charakter erst! So anschmiegsam!“, schwärmt er weiter.

„Aha“, stellte ich trocken fest und unterbrach ihn schnöde. „Das mit dem Charakter haben Sie also am Fell erkannt, verstehe! Sie müssen sich ja schon richtig gut kennen!“

Er sah mich einigermaßen schuldbewusst an. „Bitte, Frau Schmidt, es ist Sonntag, wollen wir ihr nicht Asyl gewähren?“

„In unserem Pfarrhaus?“, fragte ich.

„Ja, eine Art Kirchenasyl für eine arme Katze! Kommen Sie, geben Sie sich einen Ruck!“, bat er und sah mich dabei treuherzig an.

„Schön, ich setze sie nicht vor die Tür. Aber spätestens morgen bringen wir sie ins Tierheim, wo sie hingehört und man ihr ein schönes, neues Zuhause sucht!“, stellte ich meine Bedingungen klar.

Er nickte zwar, stürmte dann aber sofort an mir vorbei Richtung Keller.

„Nun ja, dann kann ich sie ja auch heraufholen, nicht wahr?“, rief er mir zu, und noch ehe ich antworten konnte, schnurrte mir der weiße Vierbeiner um die Füße. Sah ganz so aus, als hätte sie hinter der Kellertür auf ihn gewartet! Dabei sah ich recht deutlich, was mit ihr los war.

„Ihre Katzenfreundin ist in anderen Umständen!“, wies ich ihn auf eine Tatsache hin, die ihm bislang wohl nicht aufgefallen war.

„Oh, sie bekommt Junge?“ Er sah wirklich überrascht aus.

„Ja, ganz sicher!“, stellte ich fest. „Wenn wir sie nicht schnellstmöglich irgendwo unterbringen, wird es hier schon sehr bald von kleinen Katzenbabys wimmeln!“, prophezeite ich ihm.

Auch wenn ich ahnte, dass ich am Sonntag schlechte Karten hatte, in einem Tierheim etwas zu erreichen, versuchte ich es trotzdem. Mit niederschmetterndem Erfolg, denn die nette Dame, die ich tatsächlich erreichte, ich hatte eine Art Katzennotrufnummer gewählt, bat mich eindringlich um Nachsicht.

„Wir sind wirklich überfüllt, probieren Sie es morgen ruhig noch woanders, aber sagten Sie nicht, Sie rufen aus einem Pfarrhaus an? Vielleicht haben Sie ja noch andere Möglichkeiten oder können sie behalten. Wissen Sie, Katzen sind wunderbare Hausgenossen …“

Dann schwärmte sie mir die Ohren voll, wie wundervoll das Leben mit Katzen sein könnte, während ich mich irgendwie schon darüber ärgerte, dass man von mir, nur meiner Berufung wegen, tatsächlich verlangte, diesen ungebeten erschienenen Vierbeiner zu behalten. Trotzdem

bedankte ich mich artig bei ihr, dann legte ich auf. Auch weil mir dieses Fellbündel schon wieder um die Füße strich.
„Sie mag Sie, Franziska!“, strahlte mich mein Pfarrer an. „Sie dürfen auch einen Namen aussuchen!“, gestand er mir großzügig zu. Na super!
„Lilly!“, sagte ich spontan. „So hieß meine Plüschkatze, als ich fünf war!“
„Ein wunderbarer Name!“, stimmte er begeistert zu und Lilly mauzte mir von unten ebenfalls zu. Nach so viel Zustimmung konnte ich nicht anders, als sie zu streicheln. Und ja, ihr Fell war wirklich sehr weich!

Am nächsten Morgen fuhr ich, erst einmal allein, in die nächste Stadt und suchte das Tierheim auf. Schon an der Pforte bekam ich allerdings Beklemmungen. So viele Tiere auf einmal, dazu dieser Lärmpegel, nein, entschied ich, das war sicher kein geeigneter Ort für unsere trächtige Lilly. Trotzdem ging ich hinein und sah mich um. Hinterher war ich mir nur noch sicherer, dass die hier schon viel zu viele Katze hatten, um die sie sich kümmern mussten.
„Also darf Lilly bleiben?“, freute sich mein Pfarrer, als ich zurückkam. Lilly schnurrte begeistert durchs Pfarrhaus und führte sich so auf, als hätte sie nie in ihrem Leben etwas anderes getan.
„Wir könnten das Kellerfenster auflassen, dann kann sie kommen und gehen, wann sie will!“, sinnierte er vor sich hin, während ich mir die Bemerkung verkniff, dass es mir schon lieber wäre, sie würde sich entscheiden. Doch Lilly gefiel es offenbar so gut, dass sie das Kellerfenster zwar inspizierte, es allerdings vorzog, wieder kehrtzumachen

und es sich zu meinen Füßen bequem zu machen. Selbst in meiner Einliegerwohnung war ich vor dem neugierigen Tierchen nicht sicher, sie mauzte solange vor meiner Tür herum, bis ich sie entnervt hereinließ.

In den nächsten Tagen telefonierte ich die halbe Gemeinde ab, aber niemand wollte sich freiwillig eine trächtige Katze ins Haus holen, selbst unsere mehr als tierliebe Gemeindereferentin gab mir einen Korb.

„Glauben Sie mir, Frau Schmidt, Katzen sind wundervolle Geschöpfe! Sie werden Sie lieben und schon bald nicht mehr missen wollen!“

Als ich am nächsten Morgen in die Küche kam, merkte ich sofort, dass etwas anders war. Nicht nur, dass mir Lilly nicht wie in den letzten Tagen sofort um die Füße schnurrte, ich konnte sie auch bei näherer Betrachtung nirgends entdecken.

„Frau Schmidt!“, hörte ich auf einmal den Pfarrer rufen. „Schnell, kommen Sie! Das müssen Sie sehen!“

Flugs lief ich ins Wohnzimmer und stockte noch in der Tür. Direkt vor dem alten Kamin saß Lilly in ihrem vom Pfarrer liebevoll ausgestatteten Körbchen und schleckte in aller Seelenruhe drei kleine Katzenbabys ab.

„Sind die nicht entzückend!“, gluckste mein Pfarrer. „Sehen Sie doch! So winzig! Sie sind erst ein paar Stunden alt!“

Er kriegte sich vor Begeisterung gar nicht mehr ein, während ich mir bereits vorstellte, wie sie in ein paar Tagen hier alle durchs Haus stolperten.

„Nun ziehen Sie mal nicht so ein Gesicht, Frau Schmidt! Freuen Sie sich lieber! Lilly geht es großartig und die Kat-

zenbabys sehen auch ganz gesund aus. Vielleicht sollte ich aber doch den Tierarzt bitten, heute Nachmittag mal nach ihnen zu sehen? Nur sicherheitshalber?"
Ich verzichtete auf eine Antwort, beschränkte mich lieber darauf, der stolzen Katzenmama eine Extraportion Futter zu bringen.
„Wenn Sie ihn einmal dahaben, fragen Sie ihn besser, ob wir für die Kleinen was Spezielles besorgen müssen!", brummte ich. Dass ich die frischgebackene Katzenmama nicht vor die Tür setzte, lag ja auf der Hand. Und ich erinnerte mich auch, irgendwo mal gelesen zu haben, dass Katzenbabys mindestens sechs, besser aber zwölf Wochen bei der Katzenmama bleiben mussten. Das hieß, im nächsten Vierteljahr würden wir uns wohl oder übel arrangieren müssen. Mein Pfarrer wusste das natürlich auch, und ich wurde das Gefühl nicht los, dass er nur auf Zeit gespielt hatte.
„Ich wusste, dass Sie das beste Herz der Welt haben, Frau Schmidt!", strahlte er mich später an. Der Tierarzt hatte ihm bestätigt, dass alles in Ordnung war und die beiden Katzenliebhaber, denn der gute alte Tierarzt outete sich schnell als solcher, hatten sogar schon einen Impfplan aufgestellt. „Und kastrieren lassen müssen wir sie auch. Sonst haben wir schon bald den nächsten Wurf im Haus!"
Das klang eindeutig nicht danach, als ob er weiter nach einem neuen Zuhause für Lilly und ihre Katzenbabys suchte. Immerhin, ich bemühte mich noch einige Zeit darum, musste aber schnell einsehen, dass es nicht leicht war, eine Katzenfamilie zusammen unterzubringen.
„Im Tierheim würde man sie auch nicht zusammen vermitteln!", bestätigte mir unsere Gemeindereferentin mei-

ne schlimmsten Befürchtungen. „Aber Katzen sind eben auch keine Menschen. Die haben nicht den Familienzusammenhalt, den wir von Menschen her kennen!"

Wenn ich mir Lilly ansah, zweifelte ich allerdings an ihren Worten. Sie schleckte ihre Kleinen mit einer Hingabe ab, an der sich so manche menschliche Mutter ein Beispiel nehmen könnte.

„Wir sollten ihnen Namen geben!", meinte mein Pfarrer und überlegte, da ich dankend auf diese Ehre verzichtete, einen halben Nachmittag lang. Dann entschied er sich für Schnurri, Murmel und Brummi.

„Man erkennt sie doch ganz deutlich an den Geräuschen, die sie machen, finden Sie nicht?", lautete seine abenteuerliche Begründung. Ich verkniff mir einen Kommentar, und Lilly war es offenbar gleich.

Nach drei Wochen war dann auch der Zustand erreicht, den ich schon kurz nach der Geburt der Katzenbande befürchtet hatte: Sie waren einfach überall! Vor allem dort, wo man nicht mit ihnen rechnete, stolperte ich plötzlich über weißgescheckte Fellknäuel, die sich mauzend und tapsig auf den Weg machten, ihre Umwelt zu erkunden. Und unseren Besuchern ging es natürlich genauso. Aber merkwürdigerweise ärgerte ich mich nicht mal darüber, im Gegenteil, nachmittags, wenn es mal kurz für eine halbe Stunde ruhiger wurde, beobachtete ich mich dabei, wie ich den Kleinen bei ihren Aktivitäten zusah und mich köstlich darüber amüsierte. Und Lilly genoss es sichtlich, dass sie von allen Seiten verwöhnt wurde. Nach draußen begab sie sich jedenfalls nicht mehr, im Gegensatz zu ihren Jungen, die schon bald so mobil wurden, dass sie durchs offene Kellerfenster hinaus- und hineinkletterten.

„Katzenbabys werden eben noch schneller erwachsen als Menschenkinder!“, stellte mein Pfarrer ein wenig wehmütig fest. Ihn schien es fast mehr zu bekümmern als Lilly. Und plötzlich stellte ich mir vor, diese Rasselbande würde wirklich nicht mehr durch unser Pfarrhaus tigern. Und der Gedanke gefiel mir gar nicht.

„Lilly kann ja hierbleiben und ihre Kleinen werden eben irgendwann selbst entscheiden, wo sie leben wollen!“, schlug ich vor und erntete einen strahlenden Blick. Seitdem lebt Lilly bei uns. Bis heute.

Francesca, die Papstkatze

München, 1981.
Es gibt kaum etwas, das ich mehr hasse als Nieselregen. Außer Kälte vielleicht. Doch die Kombination von beidem, die uns dieser erste November bescherte, war das Schlimmste, was ich je erlebt hatte. Ich rettete mich in den schützenden Hausflur unserer erzbischöflichen Residenz und es kam, was kommen musste: Ich lief geradewegs Frau Brenner, unserer dominanten und durchaus widerspenstigen Hauswartsfrau, vor den Besen.
Ich schüttelte mich, mein weißes Fell war feucht, was sofort ihren Unmut erregte. „Na, siehst' wieder aus wie ein Wischmopp? Mach hier bloß keinen Dreck!" Ich miaute kläglich, in der Hoffnung, sie zu besänftigen. Der Frau entging aber auch gar nichts! So schnell ich konnte, schlängelte ich mich durch die schwere, aber glücklicherweise bloß angelehnte Eichenholztür. Frau Brenner entronnen, entspannte ich mich sofort.
„Komm rein, Kitty, hier ist es schön warm!" Die Stimme, die mich magisch anzog, gehörte unserem Erzbischof, der außerdem Kardinal war. In seiner schwarzen Soutane stand er am Fenster und lächelte mich an. Fünf Monate war es her, da hatte er mich aus einer äußerst misslichen Lage befreit. Ich war damals erst wenige Wochen alt und noch etwas unbeholfen auf meinen vier Pfoten durch den Hof getapst und wollte eigentlich nur erkunden, warum die anderen Katzen einen so großen Bogen um die große Pfütze auf dem Hof gemacht hatten. Kaum drin, wusste

ich es: Unter dem Wasser befand sich Erde, die zu Matsch geworden meine Pfoten festklebte. Ich rief um Hilfe – und er hörte es! Er war gerade aus seinem Wagen gestiegen, kam auf mich zu und hob mich heraus. Ehrensache, dass ich meinem Retter seitdem versuchte, auf Schritt und Tritt zu folgen. Von Stund an war er mein Kardinal

Mit ein paar Sätzen war ich bei ihm. Er sah müde aus, registrierte ich und schlich ihm um die Beine. Vielleicht brauchte er ja Aufmunterung? Schließlich hatte es so ein Kardinal nicht leicht, so viel wusste ich. Von früh bis spät hetzte er von Termin zu Termin, bearbeitete Unmengen von Post und das Telefon klingelte pausenlos …

Dieser November begann nicht nur nieselig, er ging auch so weiter. Es schauerte ständig, was mir die Freude am Draußensein gehörig verdarb. Doch als ob diese Tristesse, die die Menschen Herbstwetter nannten, nicht schon schlimm genug wäre, wurde dieser Monat noch schlimmer. Mein Kardinal musste nämlich verreisen! Das tat er leider häufiger, als mir lieb war, denn so sehr ich mich auch bemühte, er nahm mich nie mit. Und ohne ihn war dieses Haus eindeutig nicht dasselbe.

„Ja, Seine Heiligkeit hat mich nach Rom berufen!“, hörte ich ihn mit seinem Bruder telefonieren. „Nein, nein, meine Reise duldet keinen Aufschub, am besten treffen wir uns in Rom, dann können wir über alles sprechen! Maria wird auch dort sein.“

Dieser Bruder, so hatte ich mitbekommen, hieß Georg und war ein paar Jahre älter als mein Kardinal. Maria war die ältere Schwester der beiden.

„Menschengeschwister hängen ein Leben lang aneinander, selbst wenn sie weit auseinanderleben“, hatte mich

Minu aufgeklärt. Minu war die älteste von uns Katzen im Palais Holnstein. Jeder fragte sie um Rat, nun ja, jede Katze zumindest. Sie lebte schon ihr ganzes Katzenleben lang im Hof der erzbischöflichen Residenz und verließ unser Refugium immer seltener. Trotzdem war sie, wie die anderen auch, nicht bereit, die Innenräume zu betreten.
„Die Brenner duldet uns nicht im Haus!", war ihr Lieblingsspruch.
„Aber ich gehe doch auch rein, wenn ich will!", widersprach ich. Gut, mitunter machte die Hauswartsfrau Schwierigkeiten, aber es gab immer Mittel und Wege, sie auszutricksen.
„Du bist noch sehr jung, Kitty, du musst noch viel lernen!", belehrte sie mich. „Mit Menschen zusammenzuleben heißt immer auch, seine Freiheiten aufzugeben."
Ich sah sie ratlos an. Was meinte sie denn damit?
„Kitty, es gibt Hauskatzen und es gibt freilebende Katzen. Ich für meinen Teil würde niemals zur Hauskatze mutieren wollen!"
So wie Minu das sagte, klang es, als ob das etwas ganz Fürchterliches wäre. Was war so schlecht daran, eine Hauskatze zu sein? Ich wäre gern eine – immer meinen Kardinal um mich herum und nie wieder bei Nieselwetter im Freien sein müssen!
„Wenn mein Kardinal nicht da ist, gehe ich ja auch kaum hinein!", brachte ich zu meiner Verteidigung hervor.
Minu sah mich kopfschüttelnd an. „Kitty, Kitty, er ist nicht dein Kardinal!"
Während der November weiter vor sich hin nieselte, wartete ich auf die Rückkehr meines Kardinals. Jeden Tag ti-

gerte ich den Hausflur auf und ab, immer Frau Brenner im Nacken, und hoffte auf seine Rückkehr. Wenn ich keine Lust auf das Dosenfutter hatte, wagte ich mich sogar bis in die Küche vor, wo mich Agnes dann mit Thunfisch und Milch verwöhnte. So verging dieser Monat, langsam und schier endlos. Nur mein Kardinal war noch nicht wieder heimgekehrt.

„Ich habe gehört, dass er dieses Mal gar nicht wiederkommt!“, eröffnete mir eines schönen Dienstagmorgens Ottokar. Dienstags, das wusste hier jede Katze, war immer jede Menge los in unserem Palais. Priester kamen und gingen, noch mehr als an anderen Tagen, dazu andere Männer in Anzügen und mit Taschen in der Hand.

„Dienstbesprechung!“, hatte Minu mir mal erklärt. „Einmal in der Woche, ohne Ausnahme!“

„Aber wieso sagst du denn so was?“, fragte ich Ottokar. Nein, dass mein Kardinal gar nicht mehr wieder zurückkam, hielt ich für komplett ausgeschlossen. „Er wohnt doch hier, er arbeitet hier und außerdem sind wir hier! Er liebt uns!“, argumentierte ich. Gut, ich hatte uns gesagt, obwohl ich natürlich mich gemeint hatte, aber das schien Ottokar gar nicht zu bemerken. Er leckte sich über sein weiß-braunes Fell.

„Kitty, ich habe gehört, wie der Gärtner es zu Agnes gesagt hat. Der Papst hat unseren Kardinal nach Rom berufen!“

„Aber ja, das weiß ich doch! Ich habe selbst auch gehört, wie er es seinem Bruder gesagt hat!“

„Ja, der ist auch nach Rom gefahren, sagt der Gärtner“, bekräftigte Ottokar. Und fügte dann leise hinzu: „Aber der Gärtner hat Agnes auch erzählt, dass der Heilige Vater will, dass unser Kardinal in Rom bleibt. Weil er ihn dort dringend braucht! Und wen der Heilige Vater dringend braucht, der muss halt bleiben!"

Ich schluckte. Wer war dieser Heilige Vater, dass er mir einfach meinen Kardinal wegrufen konnte?

„Der Heilige Vater ist der Papst, Kitty!", klärte mich Minu auf, die hinzugekommen war. „Und der Papst ist der höchste Mann in der Kirche, derjenige, der den anderen sagt, wo es langgeht! Wenn er sagt, dass unser Kardinal nach Rom kommen soll, macht der das natürlich auch!"

Mein Herz krampfte sich bei der Vorstellung zusammen. Nein, mein Kardinal würde mich nicht einfach zurücklassen! Wie kam dieser Vater eigentlich dazu, meinen Kardinal zu rufen? Hätte er nicht einfach einen anderen rufen können?

„In Rom soll es unzählige Katzen geben!", hörte ich Minu sagen. „Viel mehr als hier und viel mehr, als der Kardinal versorgen kann. Er weiß doch, dass wir hier bei Agnes in guten Händen sind!" Minu meinte es gut, das wusste ich, trotzdem wurde ich ganz traurig. Ich beschloss, der Sache auf den Grund zu gehen. Ich musste einfach wissen, ob die beiden nur flunkerten, um mir Angst zu machen, oder ob ich wirklich befürchten musste, ihn nie wiederzusehen …